보리밥 한 그릇과
막걸리 한 잔과
햇살 한 조각

김병국 수필집

청옥

글을 쓰면서 …

　이 졸작은 누구를 위해서 쓰는 게 아니다. 나를 위해서 쓴다. 누구를 이해시키는 것이 아니라 나를 이해시킨다. 혹시 나와 같은 고민을 하는 사람이 있어 본다면 조금이라도 도움이 되었으면 좋겠고, 그게 아니더라도 이런 사람이 이런 생각으로 인생을 살려고 노력했다는 것을 봐 주었으면 좋겠다.
　한이 많은 사람은 한풀이 농악을 한다. 노래 부르는 사람은 노래를 허공에 토해낸다. 망상이 많은 사람은 망상이라는 찌꺼기를 백지에 토해낸다. 개미같이 살아 꿈틀거리며 줄지어 간다. 스스로 순서를 바꾸고 모양을 만들고 글이 된다.
　문학은 창작이라고 하지만, 나에겐 창작은커녕 낡은 찌꺼기인 줄 모른다. 쓰레기가 재활용되듯이 그것이 재활용된다면 그때야 새로운 혓바닥이 날름거린다. 작품은 찌꺼기인데 독자가 창작으로 만들어 사용한다. 나는 독자가 무섭다. 쓰레기를 재활용하는 독자가.
　내가 할 일은 뱃멀미를 심하게 하는 것처럼 똥물이 나오도록 구토한다. 무엇을 구토하는지 궁금해하지 마라. 먹었던 것이 나온다. 찌꺼기가 완전히 빠지고 하늘이 나올 때까지 구토한다. 더 중요한 것은 구토하는 느낌의 자각이다. 이것은 체험이고 지혜고, 지금-여기의 삶이다. 그러면 괴롭지 않은 평범한 삶에 감사할 수 있을까.

목차

3 ··· 글을 쓰면서

1부 사랑과 행복

11 ··· 나리와 행복이야기

16 ··· 모닥불

20 ··· 보리밥 한 그릇과 막걸리 한 잔과 햇살 한 조각

24 ··· 9시 저녁 뉴스

28 ··· 산을 사랑한 파도

32 ··· 지리산 연가

36 ··· 이름 모를 야생화

39 ··· 사과나무

43 ··· 억새

47 ··· 행복은 덤이 아니다

51 ··· 햇살의 사랑

2부 자아와 삶

57 … 이명耳鳴
61 … 물은 어디서 와 어디로 갈까
65 … 숨
70 … 폭포
74 … 넝쿨
78 … 가장 소중한 순간
82 … 물은 흐른다
86 … 밀물의 한가운데에서
91 … 일상과 무상
95 … 지하철의 개미들

3부 산

101 ··· 산행山行
106 ··· 비음산 우중산행
109 ··· 고산증
113 ··· 산과 나
117 ··· 구만폭포
121 ··· 산은 흐른다
125 ··· 생애 첫 지리산 종주 산행 – 시작
129 ··· 생애 첫 지리산 종주 산행 – 중간
133 ··· 생애 첫 지리산 종주 산행 – 끝

4부 그리고

139 ··· 기적 주세요

143 ··· 첫 수업

148 ··· 새로 온 친구

154 ··· 악어와 악어새

159 ··· 마지막 밥상

163 ··· 화순 적벽

|서평|

167 ··· 행복한 삶을 위한 철학 에세이 / 이윤희

1부
사랑과 행복

나리와 행복이야기

나리님 잘 지내시죠. 오늘은 산행하기 좋은 날씨네요. 요즈음은 산을 사랑하는 정도가 아니라, 나도 산도 미친 것 같아요. 안 가면 보고 싶다고 부르고, 부르면 비가 오나 눈이 오나 가고, 막상 만나면 온종일 묵언입니다. 사랑한다고 요란 떠는 것은 바보 같은 짓이라나. 사랑이 이런 건가요? 사랑이 뭔지 잘 모르지만, 그것만큼 소중한 게 있을까요.

그날, 총알번개(팅)를 맞고 혼란에 빠져버렸습니다. 덕분에 번개 빛의 번쩍임에 갈 길을 찾았지만, 우레 같은 질문에 당황하고, 횡설수설하다가 어두운 산속에서 길을 잃은 꼴이 되었습니다. 그날의 질문이 새벽의 여명같이 떠오릅니다.

"모든 인간은 행복을 추구하는데, 대부분 행복하지 못합니다. 행복은 가까운 곳에 있는데 왜 멀리서 찾는지요. 말로만 하는 행복 말고 참 행복이란 무엇입니까?" 나리님의 질문은 한 방의 대포같이 가슴을 뻥하고 뚫었습니다. 저는 다른 사람과 삶과 죽음, 죽음 이후의 문제, 존재 등에 관해 대화를 나눈 기억은 있습니다. 물론 사랑은 빼놓을 수 없지요. 삶 중에서 가장 중요한 것 중의 하나가 사랑이 아닐까요. 그리고 돈벌이, 출세하기, 맛있는 음식집과 음식, 재밋거리 등도 물론 빼놓을 수 없지요. 여행과 산에 관한 이야기는 당근이고요.

'참 행복', 행복의 본질에 관해 이야기를 나눈 기억은 나지 않습니다. 공기같이 너무 소중하기에 늘 함께 있는 것으로 착각했는지 모릅니다. 어쩌면 우리는 행복을 개념으로 봤는지 모릅니다. 그런데 나리님은 행복의 본질에 대해서 말씀을 던졌습니다. 그것으로 끝나지 않고, '어떻게 하면 행복의 길로 들어갈 수 있나요?' 실천 방법까지…. 더 말문을 열 수가 없었습니다. 돈, 명예, 감각적인 즐거움에 관해 대화를 나누었지만, 행복할 방법을 찾는 사람은 처음입니다. 그것도 참 행복을.

그날 행복에 관해서 횡설수설, 무슨 말을 했는지 기억이 나지 않습니다. 아니 기억하고 싶지 않습니다. 깊은 생각도 없이 짧은 생각의 조각들을 뱉은 것을 후회합니다. '나리일언중천다이아몬드'같이 해야 하는데, '뿔일언중천조포'같이 한 것 같아 마음이 무겁습니다. 그것이 전화위복이 되어 '나리와 행복 이야기'를 하게 되어 다행인지도 모르겠습니다.

우리가 추구하는 모든 것, 인생·죽음·존재·사랑·돈·명예 등에 관해 한두 번 '왜? 왜?' 반복하여 질문하면 결국 행복으로 귀결될 겁니다. 그만큼 중요한 게 행복인데. 아쉽게도 대부분 본질을 놓치고 말지요. 아무리 행복에 관해서 이야기해도 행복하지 못한 이유가 아닐까요. 머릿속에 있는 '행복이라는 언어'를 하나씩 끄집어내는 작업부터 해야겠습니다. 머릿속의 행복은 참맛을 느끼게 할 수 없으니까요.

일반적인 행복의 개념을 행복이라고 안다면 우리는 결코 행복할 수 없을 겁니다. 그런 것 말고 진짜로 행복할 수 있는 것이 있다고 가정하고, 참 행복이라는 용어를 사용해 봅니다. 행복에 참이 있고 거짓이 있는 건 아닙니다. 인간의 언어는 본질을 말하기 어렵기에 참이라는 말을 씁니다. 마치 '진짜 참기름 팝니다.' 같다고 할까요. 행복이란 말에 혼돈되지 않기를 바랍니다.

우리는 내가 하고 싶은 것, 내 마음대로 하는 게 잘 사는 길이라고 생각하고, 죄책감 없이 행하는 경우가 있습니다. 자신이 원하는 결과가 나오지 않더라도, 자신은 최선을 선택했을 겁니다. 이렇듯 인간은 자기 나름대로 최선의 길을 가고 있다고 생각하고 행동할 겁니다. 그런데 행복한 사람보다 행복하지 못한 사람이 더 많습니다. 그것은 행복을 잘못 이해하는 데 있다고 생각합니다. 그들 행복의 이면에는 욕망이 도사리고 있고, 그 충족을 행복으로 착각하고 있기 때문입니다. 왜 착각합니까? 존재의 실상을 모르기 때문입니다. 존재란 무엇일까요?

'나리와 행복이야기'의 배를 타게 해 준 나리님에게 감사드립니다. 비록 횡설수설할지 모르지만, 하다 보면 좋은 수가 나겠지요. 너무나 중요한 문제라는 것을 알기 때문에 오히려 마음이 무겁습니다. 하지만 한 번은 알고 넘어가야 할 문제라는 것도 부인할 수 없습니다.

 행복을 찾아가는 주사위는 이미 던졌습니다. 게임이 끝나야 주사위는 멈출 겁니다. 한 달 두 달 또는 일 년 이년…, 돌머리로 게임을 제대로 하려는지요. 한 가지 분명한 것은 혼자는 힘들지만, 나리님이 함께 하신다면 가능할 겁니다. 한양에 도착할지 않을지는 모르지만, 행복 이야기를 한 만큼 한양에 가까이 갈 겁니다. 오늘은 두렵지 않습니다. 모든 준비를 마쳤습니다. 항상 번개 맞을 준비하고 있다면 번개를 두려워할 이유가 있을까요. 준비했으면서도 두려운 것은 완벽한 조건을 갖추어야 한다는 강박 관념이 있거나, 욕심 때문이겠지요.

 궂은일에 대한 만반의 준비가 되어 있으니, 비가 오든 눈이 오든 아무런 걱정이 없다는 의미로 소 치는 사람과 어느 성인의 대화가 생각납니다. 소치는 사람이 말합니다. "나는 이미 밥도 지었고 우유도 짜 놓았습니다. 마히 강변에서 처자와 함께 살고 있습니다. 내 움막은 이엉이 덮이고 방에는 불이 켜졌습니다. 그러니 하늘이여, 비를 뿌리려거든 비를 뿌리소서." 성인이 말씀하셨습니다. "나는 성냄과 미혹을 벗어 버렸다. 마히 강변에서 하룻밤을 쉬리라. 내 몸은 하늘을 지붕 삼고 탐욕의 불은 꺼졌다. 그러니 하늘이여, 비를 뿌리려거든 비를 뿌리소서."

 '나리일언중천다이아몬드' 명심하세요. 준비는 생각보다 거창하지 않습니다. 함께 배를 타고 목적지에 도달할 때까지 내리지 않으면 됩니다. 내리지 않도록 맛있는 것, 좋아하는 것 등 배에 실어 놓을 테니…. 눈과 귀의 문제가 사라지면 글을 올릴 것입니다. 인생과 산에 관해 이야기할 기회를 주신 나리님에게 감사드립니다. 비록 앙상한 나목 같지만 그래도 봄이 되면 꽃이 필 것입니다. 따스한 손 놓지 말고 끝까지 물을 주는 마음으로 잡아 주시길 바랍니다.

  산벗 푸른뿔이 드립니다. 마음에 안 든다고 뿔은 뽑지 마세요. 하나뿐인 뿔 하나 믿고 앞뒤 안 가리고 달려가니까요. 그래도 나리꽃을 보면 걸음을 멈추고 향기를 맡습니다. 나리꽃은 예쁘니까요.

모닥불

2월이었다. 대한의 추위도 다 갔는데 몇 년 만에 가장 추운 날씨란다. 진눈깨비 내리는 어슬어슬한 날씨다. 그는 친구와 등산하기로 약속이 되어 있어 시외버스정류장으로 갔다. 너무 일찍이 왔는지 서너 평 간이대합실은 난방도 되지 않았다. 창문 유리창은 깨어진 곳도 없는데 바람이 자기 마음대로 들락거렸다. 중년 아줌마 2명이 자기만한 보따리를 각각 옆에 두고 앉아 있었다. 솜이불을 뒤집어 쓴 것같이 꼼짝도 하지 않고 있었.

그는 밖으로 나왔다. 헌 페인트 깡통으로 만든 모닥불에 안내인은 장작을 연방 넣고 있었다. 그는 모닥불 옆에서 가만히 있지 못하고 서성거리고 있었다. 그는 나를 뚫어지게 쳐다보았다. 나의 넘실거리는 S자 라인의 날씬한 몸매에 반했는지, 불타는 장밋빛 입술에 반했는지, 뜨거운 열정에 반했는지.

나는 연방 타고 있었다. 주위에는 그 사람밖에 없었다. 나는 뜨겁고 위험한 존재이지만 반드시 사람들을 해롭게 하지 않는다. 지금까지 추운 날, 나를 필요로 하는 많은 사람을 따뜻하게 품어

주었다. 양팔을 벌려 내가 직접 안아 주어야 하기에 한꺼번에 많은 사람을 따뜻하게 해주지 못한 것이 아쉽지만. 이런 나의 한계를 아는지 그는 나에게 말을 걸었다.

나에게 말을 거는 사람은 많지 않은데, 유독 그의 말을 기억하는 것은 부드러우면서 고요하고, 나의 심금을 울려주었기 때문이다. "모닥불님! 추운데 확확 피어주세요. 나만 따뜻하게 하지 마시고, 배고픈 노숙자, 가난한 사람들에게도 당신의 뜨거운 사랑으로 품어주세요. 겨울에는 배고픔보다 추위에 더 고통을 받으니까요."

그는 기다리던 버스가 오자 가버렸다. 이별에 항상 익숙하지만 막상 이별하면 내 마음은 더 뜨거워지고, 좀 더 따뜻하게 품어주지 못한 아쉬움에 후회를 한다. 그는 이 추운 날씨에도 산행 한다고 한다. 손가락이 끊어질 것같이 시릴 텐데. 함께 가 따뜻하게 품어주지 못해 미안스러웠다. 전에는 함께 하지 못한 이런 삶이 나의 운명이라고 받아들였다.

그날 이후, 나는 나의 삶이 변해야 한다는 것을 느꼈다. 사람들은 나의 움직임에 대해서 엄청나게 주의를 한다. 한 발자국도 움직이지 못하도록 쇠사슬 같은 철망을 주위에 치는 경우도 있었다. 하지만 나는 변하고 싶고, 떠나고 싶다. 내가 떠나기 위해서는 내가 죽어야 한다는 것을 안다. 그래야 내가 원하는 곳에 다시 태어날 수 있다. 이젠 변화를 두려워하지 않으리라.

나는 이제 한곳에 머물지 않고, 나를 필요로 하는 곳을 찾아가야겠다. 간절하게 나를 필요로 하는 곳은 어디든지 가서 그곳에서 나는 다시 태어날 것이다. 시외버스정류장에서 나의 인생이 끝나는 것이 아니라, 비록 여기서 내가 죽더라도 나를 간절히 원하는 곳이 있으면 다시 불씨를 피울 것이라고 맹세했다.

모닥불은 꺼지면 사라지는 게 아니다. 모닥불의 세계로 다시 돌아간다. 그곳에는 마음이 추운 사람을 데우는 사랑의 모닥불이 있고, 몸이 추운 사람을 데우는 따뜻한 모닥불이 있다. 겨울에 난방비 때문에 마음껏 따뜻하게 지내지 못하는 사회복지원의 친구들, 한파에 춥고 배고프지만 자유를 찾아다니는 홈리스homeless들, 그리운 이를 두고 떠나지 못해 남쪽 나라로 가지 못한 철새들을 따뜻하게 품어 주리라.

지난 IMF 때는 모닥불이 부족해 많은 어려운 사람들이 추위에 떨었다. 다음에는 좀 더 많은 불씨를 피워 한 번도 품어주지 못한 사람들을 찾아가리라. 내 생각으로 비교하고 판단하지 않으리라. 일단 추위에 떠는 사람을 먼저 따뜻하게 품어 주리라. 내가 할 일은 그들을 가르치려고 하는 것이 아니라, 따뜻하게 품어 안정되고 편안한 마음을 가질 수 있도록 하는 것이리라. 그런 다음에 나아갈 방향을 잡는 것은 그들의 몫이라고 생각하리라.

요즘은 사랑의 모닥불이 제법 쏠쏠하게 나간다. 사랑이 부족한 요즘 반가운 현상이다. 연말 불우이웃돕기 종소리에 맞춰 사랑의 불씨를 모금함에 많은 사람이 넣는다. 그 불씨는 다문화가정에 가서 불을 피울 것이고, 소외 계층의 외로운 마음도 녹여줄 것이다.

한 번에 두 개의 모닥불이 나가지 않는다. 몸과 마음을 함께 따뜻하게 해주지 않는다. 마음을 따뜻하게 하면 서로의 체온을 녹여 몸을 따뜻하게 해야 하고, 몸을 따뜻하게 하면 그 기운을 마음으로 돌려 스스로 언 마음을 녹여야 한다. 아무도 도와주지 않는다. 서로가 서로를 도와야 한다. 사랑은 나누어주어도 사랑이 줄지 않듯이 나도 역시 나누어주어도 여여할 것이다. 그래서 사랑의 모닥불이라 하지 않는가.

나는 짐승들은 품어주지 않는다. 그들은 각자의 마음에 하나씩 모닥불을 품고 살기 때문이다. 인간들도 각자의 마음에 사랑의 모닥불을 하나씩 품고 산다면 세상은 그렇게 춥지 않을 텐데.

보리밥 한 그릇과 막걸리 한 잔과 햇살 한 조각

어느 요가지도자의 말이 떠오른다. "요가 자세 중에 가장 어려운 동작은 매트를 까는 일이다." 홀로 산행도 시작이 어렵다. 혼자 등산하기로 작정하더라도, 막상 가려고 몸을 일으키면, 먼저 외롭고 쓸쓸하다는 생각이 자동으로 산행의 길을 가로막는다. '쓸데없는 생각을 하네' 하면서 쓸어내면 다행이다. 외롭고 쓸쓸함은 사실이 아니라 단지 생각일 뿐이다. 옭매일 이유가 없다. 단호하게 등산화를 신고 집을 나선다.

코로나19 때문에 단체산행은 못 하고, 혼자 일주일에 한두 번 뒷산에 간다. 금정산 금강원 케이블카 승강장까지 한 시간 반 정도 헉헉거리면서 오르막을 오른다. 가풀막의 오름은 늘 힘들다. 언제쯤 되어야 힘들지 않을까 망상을 가끔 한다. 근력이 생기면 괜찮겠지, 생각하지만 그것도 순간이다. 등산을 며칠 쉬면 바로 힘들다. 근력도 예전같이 단단해지지 않고, 나이 들면 들수록 힘들다는 세월의 무상함을 깨닫는다. 현상 유지만 해도 다행히 아닐까.

케이블카 2층에 있는 옥상 보리밥집의 창가에 앉았다. 늘 하듯이 보리밥 한 그릇과 막걸리 한 잔을 주문했다. 창문을 통해 들어오는 햇살 한 조각이 환하다. 햇볕의 사랑을 온몸으로 느끼면서 잠시 눈을 감고 명상한다. 갑자기 고요하고 평온한 희열감이 안개비같이 온몸을 오롯이 감싸고, 마음속 깊이 꽉 채운다. 오래전, 첫 자원봉사 활동할 때 일어난 알 수 없는 벅찬 감동 같다. 희열감에 모든 것이 멈춘 듯 잠시 멍하다. 나도 모르게 그 기분을 붙잡고 싶은 충동이 일어난다.

보리밥이 왔다. 그 기분을 놓치지 않으려고 보리밥에 8가지 나물과 고추장을 넣고, 천천히 천천히 순간순간 알아차리면서 비빈다. 보리밥에 앉은 햇살도 함께 비빈다. 천천히 숟가락을 움직이면서 비빔밥을 입에 넣고, 고추장과 햇살이 혼합된 비빔의 맛을 자각하면서 밥을 씹는다. 막걸리 한 잔도 순간순간의 맛을 느끼면서 느리게 마신다. 그런데 안타깝게도 어느 순간 그 기분은 사라졌다. 아까 희열의 느낌은 무엇일까. 어디서 와서 어디로 갔을까.

혼자 곰곰이 생각해본다. 단지 명상으로 마음이 고요해졌고, 햇살이 몸에 와 닿았고, 그 순간 어떤 느낌이 몸과 마음에 일어났을 것이다. 그것은 내가 평소에 평안하고 즐겁다고 생각한 느낌과 유사했을 것이다. 본능으로 나도 모르게 붙잡고 지속하려고 애썼을 것이다. 무언가를 위해 애쓰는데 고요함과 평안함이 유지될 리 없다.

대부분 우리는 분명히 안다. 이것은 한순간에 일어난 즐거움이고, 단지 일어났다 사라지는 무상한 느낌으로 오래가지 않는다는 것을. 그런데도 나는 붙잡고 내 마음대로 지속하려고 애쓴다. 알면서도 안되니 참 안타깝다. 즐거움에 빠지면 실재를 느끼지 못하고, 지나간 즐거움을 생각으로 붙잡고 느낀다고 한다. 마치 산속에 들어가 산에 빠지면 산의 참모습을 알 수 없고, 내가 나에게 빠지면 나의 본 모습을 있는 그대로 보지 못하는 것과 같다.

행복은 생각이 아니라 그 순간의 체험이다. 체험은 생각이 들어갈 수 없다. 그때 그런 희열감을 느낀 것은 체험이 끝난 후에 일어난 생각이다. 어리석은 나는 자동으로 붙잡고 '이 좋은 느낌은 무엇이지' 분별하고, 생각해보니 과거에 느꼈던 희열감과 유사했기 때문에 동일한 것으로 간주하고, 행복으로 착각했을 것이다. '행복이 아닐까' 생각하는 순간, 실재의 행복은 사라지고 생각의 행복이 들어왔을 것이다.

생각은 과거와 미래고, 욕망이 들어간다. 그러면 진실한 행복을 느낄 수 없다. 행복은 단지 일어나고 사라지는 현상이고, 느끼는 순간에만 있다. 오늘 일어난 희열감은 과거의 것이 아니라, 새로운 것으로 지금-여기의 느낌이다. 그런데 어리석은 나는 생각은 생각일 뿐이라는 것을 알면서도, 나도 모르게 자동으로 붙잡고 지속하려고 애쓴다. 아, 어찌해야 할까.

산행의 고단함과 어려움 뒤에 이런 행복의 순간이 오는 것일까. 아닐 거다. 산행은 산행이고, 그것은 그것이다. 이것과 저것은 별개의 것이다. 행복은 어떤 것의 결과도 아니고, 찾아야 할 것도 아니다. 행복은 즐거움이 있는 것도, 하고 싶은 것을 달성한 성취감도, 기득권층이 누리는 특권도, 과거나 미래에 있는 것도 아닐 거다. 행복은 특별한 느낌이 아닐 거다. 행복은 빈부귀천, 장애인이나 비장애인, 괴로움과 즐거움 있든 없든, 죽음을 앞둔 환우에게도, 누구나 언제 어디서나 구분 없이 느낄 수 있어야 할 거다. 법륜스님은 행복은 무엇인가의 질문에 간단하게 답했다. "건강은 아프지 않은 것이다. 행복도 마찬가지로 괴롭지 않은 것이다."

'할 수 있다'를 보여준 펜싱선수 박상영은 말한다. "리우의 금메달과 도쿄 동메달을 목에 거는 것보다 최고의 평가는 그때 살아있음을 느꼈다는 것이다." 살아있음의 느낌은 어디서 오는 것도 어디로 가는 것도 아니다. 지금-여기 순간에만 있다. 지금-여기 순간이 행복한 이유는 살아있기 때문이 아닐까. 행복은 여기 항상 머물고 있지만, 단지 내가 발견하지 못할 뿐이다. 이런 말을 이해하지 못하는 사람은 드물다. 그런데도 우리는 행복하지 못한다. 행복을 붙잡으려는 오랫동안 축적된 성향 때문에. 어떻게 해야 행복에 다가갈 수 있을까.

오늘도 막걸리 한 잔, 보리밥 한 그릇을 주문했다. 기다리는 동안, 햇살 한 조각이 손바닥 위에 내려와 뒤척이며 노는 것을 보며 나는 멍때리고 있다.

9시 저녁 뉴스

저녁 9시만 되면 신난다. 미모의 아나운서는 따스한 눈빛으로 나를 어루만지듯 소식을 전하고, 어두운 곳에 빛을 주는 햇살같이 활짝 웃음을 띤다.

2010년 1월에 발생한 아이티 지진으로 수십만 명이 사상자를 내었고, 아직도 뒤처리가 안 되어 국민은 폭동을 일으킬 조짐까지 보인다. 국제구호단체들이 아이티로 향하지만, 워낙 대형 사고라…. 또한 중동에서는 자살폭탄으로 수십 명의 사상자를 내었다. 그것뿐만 아니다. 국내에서도 하루도 거르지 않고 사고가 생겨, 재산 피해가 크게 나고 사람이 죽는다.

아나운서의 부드러운 목소리와는 다르게 나는 대부분 죽음, 싸움, 전쟁, 테러, 사기 같은 차가운 것들이다. 즐거움과 기쁨, 선한 행위 등 용기와 희망을 주는 따뜻한 것은 거의 없다. 왜 부정적인 것만 가지고 있을까. 시청자들이 더 관심을 가지기 때문일까. 현실의 삶은 고통으로 점철되어 동질감을 느끼기 때문일까. 아니면 그것으로 위안을 삼기 때문일까.

어쨌든 많은 중년 남성들은 나에게 관심을 둔다. 다른 볼거리가 없어서 그럴까. 예쁜 여자 아나운서가 부드러운 목소리로 말해서 그럴까. 아니라고 말하기 쉽지 않을 것이다. 나이가 들거나 직장에서 퇴근한 사람은 대개 나를 찾는다. 나는 현재이고 사실이고, 그들에게 직접 관련되기 때문이 아닐까.

9시 방송을 하기 위해 방송국에서 만든 뉴스가 나다. 나는 아직 나의 정체성을 모른다. 내가 말하고 싶은 것이 무엇인지 모른다. 역사적으로 전쟁이 없는 경우가 없고, 모순된 사회, 개인과 가족의 다툼도 한순간 멈춘 적이 없다. 매일 이런 뉴스를 나는 앵무새같이 다른 사람의 입을 통해 전달한다. 불행하게도 고통스러운 사건의 연속이고, 멈추게 할 수 없다.

이런 사건을 많이 듣다 보니, 시청자들은 마음은 닫고 귀만 열고 듣는 것인지, 그다지 고통을 받지 않는 것 같다. 남의 고통이라 자기와는 무관하다고 보는 게 아닐까. 내가 아무리 사건을 많이 보도하더라도 자기와 무관한 경우에는 고통을 느끼지 않을 것이다. 마치 변호사가 변호인의 사건을 담담하게 변호하는 것처럼. 그러나 뉴스는 남의 것이 아니라 나의 것이 될 수도 있다. 고통은 가까이 있는 사람이거나 사랑하는 사람일수록 크게 느낀다.

미모의 아나운서가 교통사고로 죽었다. 내가 좋아하는 사람의 죽음을 내가 소식을 전한다는 것은 가슴이 아픈 일이다. 수만 명의 죽음을 보도해도 아프지 않았는데 이별의 아픔을 처음으로 느꼈다. 자신이 아파봐야 남의 아픔을 안다는 말이 실감 난다. 고통은 외부가 아니라 내부의 조건에 따라 일어난다는 것을 알았다.

나는 잠에서 깨어난 기분이다. 세상은 고통으로 꽉 차 있고, 나는 방송하기 위해 일부러 사건을 만드는 마술 상자 같다. 내가 고의로 만들지 않더라도 내가 선택한 것이나 다름없다. 난 사실을 말한다고 생각했다. 거짓말을 하지 않았고 꾸미지 않는다고 생각했다. 고의로 누구를 찍어서 욕하지 않는다고 생각했다. 그건 나의 생각일 뿐이다.

나는 시청자들에 유익한 것이 아니라, 내가 좋아하는 것을 선택했다. 나를 속이지 않는다고 했지만 결국 나를 기만하는 행위였다. 그런데 나는 몰랐다. 내가 아프지 않았기에 몰랐다. 나로 인해 많은 사람이 슬퍼하고 원망했는지 모른다.

이러면 안 된다. 용기를 주고 꿈을 줄 수 있는 소식을 전하지는 못하더라도 좀 더 사실을 보도하도록 해야 했다. 머리에 찬물을 뒤집어썼다. 오늘부터는 그들이 시키는 대로 하지 않겠다. 그들의 각본대로 놀지 않겠다. 그건 악을 탄생시키는 계획서 같다. 모든 고통은 나에게서 태어나는 것처럼 보인다. 내가 멈추면 고통도 점점 멈추지 않겠는가. 나는 새롭게 태어나야 한다. 나를 바꾸자.

2010년 2월 26일, 연아의 날이다. '연아야 고맙다. 대한민국은 행복하다.'로 한 신문의 1면을 시작할 정도다. TV 뉴스와 신문은 연아 이야기로 일색이다. 연아의 성공담, 부담을 안고 큰 경기에 대담하게 연기한 …. 희망적이다. 듣는 우리도 저절로 웃음이 얼굴에 떠나지 않는다. 뉴스 방송이 오늘만 같으면 얼마나 좋을까.
 연아를 보니 생각난다. 세계에서 가장 아름다운 발은 무용가인 강수지라고 하면서 텔레비전에서 발을 적나라하게 보여준다. 그것은 발이 아니라 구부러지고 뭉그러지고 나병 환자의 일그러진 발 같았다. 그게 가장 아름다운 무용을 만드는 발이란다. 아름다움은 발에 있는 게 아니라, 발이 만들어내는 행위에 있다는 것을 알았다.
 작년에 있었던 WBC 시합 때도 그러했다. WBC 시합이 있는 이 주간은 그들이 있기에 행복했다는 말이 나올 정도로 모두 TV 앞에 앉았다. 심지어 9시 뉴스가 스포츠 뉴스도 아닌데도 그들의 뉴스로 일색이었다. 스포츠 뉴스는 긍정적이고, 용기를 주고 희망을 준다. 나는 스포츠 뉴스를 좋아한다.
 연아는 힘들고 지칠 때면 남과 같이 똑같이 주저앉고 싶었으나, 꿈이 있어 고된 훈련과 잦은 부상에도 불구하고 견디어내었다고 한다. 그녀는 우리의 희망이 아니라 자신의 희망이었다. 우리의 희망은 자신의 가슴속에 각자가 품고 있다. 연아의 꿈을 보며 우리에게도 희망이 있다는 걸 보여주는 것 같다. 그러기에 힘든 삶 속에서도 버티어나갈 수 있는 희망이 보이는 게 아닌가.
 나는 내 마음대로 나를 바꾼다는 것은 어렵다는 것을 깨달았다. 악도 선도 버릴 수 없고, 살아 있는 이상 욕망도 없앨 수 없는 게 우리의 삶이 아닌가. 나의 희망은 단지 소식을 많이 전해 그들이 꿈을 가지고, 이루지는 못하더라도 버리지 않도록 하는 거다.

산을 사랑한 파도

　끝없는 바다에서 걸림 없이 소요유逍遙遊하며 시간을 보낸다. 그러나 늘 혼자 논다. 심심하면 푸른 수평선을 미끄럼틀 삼아 타기도 하고, 소주 몇 잔 하고 비틀비틀 걷기도 하고, 누워서 고요히 푸른 달을 보기도 하고, 멍하니 우뚝 솟은 산을 보기도 한다. 늘 산을 봤지만, 본 기억이 없다. 관심이 없으면 있어도 없는 것과 같다.
　어느 날 우뚝 솟은 산의 빛깔이 나와 닮았다는 것을 발견했다. 여기가 친구의 시작점이다. 그는 얼굴 가득 웃음을 머금고 명상에 잠긴 듯, 자애로운 눈빛으로 나를 내려다보는 듯, 침묵을 지키며 묵직하게 앉아 가부좌한 모습은 나와는 너무 달랐다. 나는 낮고 넓은 바다에서 철없는 부평초같이 늘 출렁거리며 자유롭게 노니는데. 나와 너무 다른 색깔에 대한 새로운 호기심이 일어나고, 이젠 외로움에서 자유로워지고 싶었다. 나태주 시인은 색깔을 알면 친구가 된다고 했는데. 친구가 될 수 있을까.
　큰 물결을 일으켜 보지만 본 척 않는다. 끊임없이 두드려보지만 꿈쩍하지 않는다. 산 같은 파도를 일으켜야 관심을 보여줄까. 소풍 가듯 살기에 깊은 생각하지 않지만, 잠시 출렁거리는 마음을 멈추고, 다시 깊게 보았다. 나는 가까이 다가가서 그의 손을 잡고, 같이 걷고, 이야기를 나누고 싶었을 뿐인데. 저 수평선의 붉은 해가 나의 등을 밀면서 말한다. 손을 잡고 친구가 되기 위해선, 먼저 꽉 잡은 나의 소중한 것을 내려놓아야 한다고. 그동안 소풍 가듯 자유로운 삶을 버리고, 새로운 모험에 뛰어들어야겠지.

한 번도 오르막을 올라본 적 없는 나는 두려움을 안고 산을 오른다. 숨이 차 가슴이 찢어질 것 같고, 발은 돌덩어리같이 무겁고, 무릎의 통증은 칼로 찌르는 것 같다. 오르는 것이 이렇게 힘든 줄 몰랐다. 그런데 나만 힘든 게 아니다. 내 앞에, 옆에, 뒤에, 사방에서 오르는 모든 사람은 헉헉거리고, 땅만 보고 정신없이 오른다. 괴로운 표정이 역력하다. 왜 힘들게 산에 오르는지 궁금하다. 모두 무언가 사랑하지 않으면 안 되는 중독 현상이 있는 것은 아닐까.

나쁜 일뿐만 아니라 좋은 일도 집착하면 중독이라고 하는데. 중독 현상인지 모르지만, 친구가 되기 위해서 기꺼이 아픔을 받아들여야 한다는 것을 그들은 알고 있는 것 같다. 내가 모르는 그 무엇이 있을 것이라고 믿는다. 기꺼이 아픔을 받아들이는 내가 있고, 무엇보다 아픔을 받아들이게 한 그가 있다는 것은 축복이다.

아픔을 참고 수없이 오르고 좌절하고 비탄해야 정상에 오르고, 정상에 올라야 가장 가까이 다가간다는 것을. 수많은 억새꽃이 함께 손잡고 아름답게 흔들리는 것 같지만, 홀로 흔들리는 외로움을 견뎌야 아름다움이 일어난다는 것을 알곤, 그를 더 사랑하게 되었다는 바람의 노래를 들은 적이 있다. 보기에는 당당하고 거칠고 힘차게 보이지만, 슬프고 외로운 그를 위해 바다의 노래를 부르리라. 노래를 부르면 부를수록 그의 참모습을 보게 되고, 더 함께 있고 싶어지고, 나의 아픔이 사랑의 씨앗이 되리라는 믿음이 굳어지리라. 나태주 시인은 풀꽃에서 모양을 알면 연인이 된다고 했는데, 연인이 될 수 있을까.

바다는 특별한 것이 없다. 게으르지도 않고 열정적이지도 않고, 늘 헐렁헐렁 일어나고 사라지고, 사라지면 다시 일어난다. 바다는 정상이 없기에 나는 정상이 무엇인지 모르고, 왜 정상에 올라야 하는지 모르고, 무언가 되려고 정상에 오르려고도 하지 않는다. 무엇을 위해 살지 않는다. 정상에 오르는 사랑이 이렇게 힘들고 아픈 줄 몰랐다. 많은 사람은 아픈 줄 알면서도 그런 사랑하기를 간절히 원하는 것 같다. 나도 사랑을 해보지 않은 것은 아니다. 그런데 이렇게 아파야 사랑이라면 고민하지 않을 수 없다……. '너무 아픈 사랑은 사랑이 아니었음을' 김광석 노래가 귀에 내려앉는다. 산을 사랑한 파도는 정상을 향한 아이러니한 사랑의 참모습을 다시 보기로 했다.

난 이젠 누구도 사랑하지 않을 거다. 아니 정상에 올라야 사랑이라고 하는 그런 사랑은 하지 않으리라. 그냥 출렁거리며 소요유하며 살겠다. 부딪쳐 아프면 아픈 대로 떨어지면 떨어지는 데로 살겠다. 그런 사랑하지 않는다고 사랑을 버리는 것은 아니다. 행복하지 않은 것은 아니다. 어찌 사랑 없이 살 수 있을까. 천 리를 떨어져도 향기를 맡을 수 있는 천리향의 사랑을 하리라. 이젠 함부로 사랑이라는 말을 입에 올리지 않으리라. 또한 멈추지도 않으리라. 늘 출렁거리고 때로는 윤슬처럼 추앙하리라.

왜 아픈지 곰곰이 생각했다. 나와 너는 침범할 수 없는 각자 다른 색깔의 노마드가 있다는 것을 몰랐다. 또한 조급증으로 그의 아름다움만을 자세히 보려고만 했지, 오래 천천히 보아야 사랑스럽다는 나태주 시인의 말을 몰랐다. 나는 나의 언어로만 말하고, 나만의 생각으로 행동하였기에 사랑이 아팠다. 그렇게 아팠다. 그도 얼마나 아팠을까. 진작 그의 언어인 침묵을 열심히 배워 대화해야 했는데. 이젠 능숙하지 않지만, 그래도 일상적인 대화는 가능할 것 같다.

그의 언어로 말하고, 그에게 다가가는 길을 안다고 하지만, 아직 그의 겉모습에 빠져 주위만 맴돌고 있다. 나도 내 마음대로 안 되는 세상이라는 것을 알면서도, 애면글면하는 나의 모습에 마음이 아프다. 언젠가 그의 말 없는 말을 들을 수 있겠지. 이젠 산이 보이는 창가에 앉아 차나 마시자.

지리산 연가

왜 지리산에 갔느냐고요? 보고 싶어서요. 왜 보고 싶은데요? 눈푸른 산꾼들은 맑고 향기로운 눈빛을 닫고 침묵으로 답을 대신합니다. 난 잘 모르겠습니다. 분명한 사실 하나는 좋아한다는 겁니다.

당신에게 가는 날, 저녁부터 내리기 시작한 비는 불면증에 걸린 나처럼 밤을 꼬박 새웠습니다. 시샘한 비였는지 안개가 당신을 덮어 걸어갈 수 없을 정도였습니다. 안개는 나의 길을 막지 못했습니다. 갈수록 비는 심하고 안개는 길까지 덮었습니다. 혹시 우울증이 재발하여 토굴 어딘가에 고립하고 있는지 염려가 없었던 것은 아닙니다. 그래도 터벅터벅 걷는 발걸음 소리는 함께 한다는 것이고, 그로 인하여 일어나는 가슴을 치는 거친 호흡과 나만 느낄 수 있는 이명 같은 심장 소리에 오히려 편안함을 느낍니다. 안개에 나의 심장도 함께 젖습니다.

'남들이 자유를 사랑한다지마는 나는 복종을 좋아하여요. … 그러나 당신이 나더러 다른 사람을 복종하라 그것만은 복종할 수가 없습니다. 다른 사람을 복종하려면 당신에게 복종할 수 없는 까닭입니다.' 한용운 님의 '복종'을 입안에서 우물우물 씹습니다. 자유롭기 위해 산에 가지만, 나는 그런 복종은 깨물어 부술 수가 없습니다.

많은 산꾼을 가리지 않고 품는 당신의 넉넉함과 자유로움, 이제 저는 그런 당신을 품겠습니다. 당신은 저에게는 자유를 주지만, 저는 당신에게 복종하고 싶습니다. 선수가 목숨을 걸고 뛰는 것은 경기가 끝나지 않았기 때문입니다. 그리움을 버리라고 하지 마세요. 당신이 있는 한 당신을 품을 거예요. 당신이 부르면 언제든지 달려갈 거예요. 부르지 않았다고 돌아서서 침묵하더라도 난 알아요.

사랑은 초월하는 마음이 아니라 함께 하는 일상인 것 같습니다. 당신과 함께 있으면 편안해지는 것은 어찌할 수 없습니다. 수많은 산 중에서 왜 당신만 가슴속에 들어오는지. 내려놓으려고 더 아름다운 산에 가지만, … 알 수 없어요. 그럴수록 보고 싶은 것을 이젠 다른 산에는 가지 않을 겁니다. 오직 당신만을 위한 산꾼이 될 겁니다. 당신이 폭우로 자락이 뭉개져도, 벼락에 맞아 검게 타 쓰러져도 당신 곁에 있을 겁니다. 함께 해도 외로움은 어찌할 수 없는가 봅니다. 외로울 때 당신 언저리의 주막집을 찾을 겁니다. 홀로 있어야 얼마나 당신이 보고 싶다는 걸 알 테니까요.

옛날에 저는 보고 싶음은 구속과 고통이 따른다는 것을 이미 알았습니다. 그래서 더 깊은 수렁에 빠지기 전에 버리고 또 버리고 태산같이 버렸거늘, 분명히 버렸거늘. 이별이 두려워서가 아닙니다. 이별은 피할 수 없다는 것을 모르는 사람은 없습니다. 이제 알았습니다. 보고 싶음은 단지 일탈이고, 자유를 먹고 산다는 것을. 내려놓았다고 사라짐이 아니라는 것을. 태풍과 벼락으로 오지 말라고 위협해도 당신에게 가는 길을 모두 막는다고 해도, 보고 싶음을 막을 수는 없다는 것을.

보고 싶음은 도 닦는 수행자가 도의 길에 들어가듯이 자신도 모르게 어느 날 길 위에 서 있는 것과 같습니다. 그냥 옆에서 볼 수만 있다면, 함께 걸을 수만 있다면, 아무것도 아니어도, 많은 산꾼 중의 하나이어도 좋습니다. 이제야 사랑을 알 것 같습니다. 당신은 계절 따라 다른 모습으로 나에게 다가오듯이, 사랑도 늘 다양한 느낌으로 호흡합니다. 어떤 땐 핫hot한 사랑으로, 어떤 때는 쿨cool한 사랑으로.

가을만 되면 가슴이 붉게 타는 당신의 모습은 주산지의 가을 새벽 물안개 풍경 같다고 합니다. 나는 압니다. 외로움이 익어서 불씨가 되고, 그리움이 촉매가 되어 무지개같이 타는 것이라고. 가을이 되면 당신의 그런 모습이 그리워, 나도 가을을 타기 위해 가슴으로 소주를 마십니다. 얼굴이 당신의 색깔을 닮습니다. 그리고 가을만 되면 새벽에 주왕산 주산지에 가는 이유이기도 합니다.

산자락이 폭우에 무너져 당신의 아름다운 모습이 짐승같이 변해도, 봉우리가 벼락과 번개에 맞아 산산조각이 나도, 마음속에 품은 보고싶음은 다치게 할 수 없습니다. 내어 달라고 애걸해도 내어 들릴 수 없습니다. 이미 내공이 생겼기 때문입니다. 그것은 나의 왕국에 있는 베아트리체입니다.

오랑캐꽃, 나리꽃, 너덜겅 길, 짐승의 똥까지 당신의 모든 것을 품고, 오늘은 빗속을 단지 함께 걷습니다. 걷는다는 생각조차 없이 고요히 걷습니다. 눈 푸른 스승의 말씀이 생각납니다. 진정한 행복은 행복의 느낌이 일어나지 않을 때라고. 암릉이 굽이치는 절경의 산, 비단 같은 흙길이 있는 부드러운 산, 잊지 못할 산이 많으면서도 유독 당신이 그리운 것은 신의 입김입니까.

장가계의 산들이 함께 놀자고 해도, 사막의 별을 보면서 무지개를 타자고 해도, 여름날 계곡이 푸른 옷의 단추를 하나씩 벗으면서 하얀 살결로 나를 유혹해도, 당신 곁을 떠나지 않을 겁니다. 하늘금과 함께 날아가는 당신의 위대한 비상을 보면서 당신이 배려해 준 깊고 고요한 외길을 걸을 때는, 힘들고 아픈 시절이 가장 행복한 때라는 것을.

이름 모를 야생화

속이 거북스럽다. 속이 비면 비었다고 통통거리며 위벽을 갉는다. 배 전체가 쓰린 것은 짜릿한 아픔보다 차라리 상쾌함에 가까울 정도다. 허전함을 달래려고 검은콩이 군데군데 섞여 있는 차디찬 식은 잡곡밥과 김치 한 가지로, 꼭꼭 씹어 속을 채우니 만족하는 듯 배는 꺽 소리를 낸다. 잠시 후 속이 찬 것을 확인이라도 하는 듯, 명치 오른쪽 옆에 날카로운 칼날 같은 통증이 가슴을 타고 어깨까지 올라온다. 배를 쓰다듬고 달래어 보지만 어림없다. 아까 먹은 김치가 갉는 것 같다. 그놈 참 탈도 많다.

뱃속에 바깥바람이라도 넣으면 거북스러운 속이 시원할런가. 옆 마당에 나가 바람을 쐰다. 몇 번 긴 호흡 하며 시원한 바람을 뱃속에 넣는다. 조금은 시원한 것 같다. 세숫대야만 한 화분에 고추 한 그루가 눈에 들어온다. 고추가 가을 햇살에 빨갛게 여물기 위해, 몇 개 남지 않은 잎들이 얼마나 용을 썼는지 똥색이 되어 있다. 올여름 싱싱한 고추 잘 따 먹었는데. 가을 밤바람이 매서운지 길게 뻗든 고추가 오그려 들었다. 마치 찬물에 동그랑땡 된 어린

날의 고치 같다.

　그 고추 옆에 아무에게 보이지 않으려는 듯, 마치 숨어서 피려는 듯 아주 낮은 곳에 꽃핀 풀이 하나 있다. 콩알만 한 꽃은 하얀 주둥이를 하고 파란 모자를 쓴 듯 파란 벼슬을 가진 백조 대가리 같다. 서서 고개를 숙여도 보기 어려울 정도로 너무 작았다. 나는 무릎을 꿇고 앉아 고개를 숙였다. 아픈 속이 꽃향기에 취했는지 조용하다. 속이 조용하니 만사형통 된 것 같다.

　정말 말이 나왔으니 말인데 속이 약하고 항상 거북스러운 사람은 속만큼 세상도 거북스러운 게 한두 가지가 아니다. 간단하게 보고 넘어갈 것도 원칙을 따져야 하고, 불확실한 것은 확실하게 해야 하고, 한 번 먹은 마음의 상처는 오래가니, 당연히 소화가 되지 않고 늘 거북스럽다. 긴 세월을 거치면서 수동에서 이제는 자동으로 바뀌어간다. 마음은 그렇지 않은데 외부의 반응에 자신의 의지와는 관계없이 마음속은 자동으로 예민하게 반응하고 긴장되어 굳어버린다.

　얼마나 노력해야 자동이 수동이 다시 바뀔 것인가? 수동으로 바뀌지 않으면 세상의 많은 아름다움을 놓칠 것이다. 오늘 다행스럽게 아직 수동의 열쇠가 남아 있었는지. 아주 작고 보잘 것은 없는 '이름 모를 야생화'를 만났다. 정말 이것은 기적이라고 말할 수밖에 없다. 빨간 고추에 매료되어 그것을 보기 쉽지 않았을 텐데.

　매일 옆 마당에 나가 물을 주고 돌보았는데 전에는 보지 못했는데 오늘은 재수다. 이놈 어디서 왔을까, 언제 왔을까, 내가 모르는 사이에 꽃을 피울 정도로 컸다는 말인가. 한참보다 욕심이 일어난다. 내 곁에 두고 싶다. 곧 추운 겨울이 올 텐데. 이 작은 것이 매서운 칼날의 바람을 견딘다는 것은 상상할 수 없다. 조심조심 또 조심조심하면서 천천히 보물을 다루듯 작은 화분에 옮겨 심었다. 물을 듬뿍 주었다. 내가 할 수 있는 것은 물 주는 것뿐이지 않은가.

다락방 봉창의 턱에 올려놓았다. 그곳은 쇠미산이 보이고 하늘이 보인다. 남향이라 온종일 햇살이 들어올 정도로 막힘이 없는 곳이다. 내 옆에 두고 오나가나 늘 보리라. 향기는 없지만, 잘 보이지도 않지만, 고개를 숙인 모습이 기도하는 마리아같이 엄숙하다.

이름을 찾아보려는 마음을 그만두었다. 혹시 이름이 마음에 들지 않아, 그에 대한 사랑이 식을 수도 있으니까. 꽃말이 이별이나 슬픔이면…. 난 그저 꽃 자체를 사랑하기로 했다. 그 꽃이 어떤 의미를 가지든 그것은 나와 꽃의 문제가 아니다. 우리는 좋아하고 있으니까.

사과나무

빛이 밤하늘에서 슬프도록 빛나면 별이 된다. 별은 빛으로 보고 듣고, 빛으로 말한다. 별빛이 영롱하면서도 시리도록 애련한 것은 사랑하는 사람을 바라보기 때문이다. 별빛은 사랑이다. 별이 없는 밤하늘을 상상할 수 없듯이, 사랑 없는 세상을 상상할 수 있을까.

작년에는 열매가 제법 컸었는데 올해는 작년 크기의 반도 안 된다. 무슨 사연이 있는 것일까. 별빛은 작은 열매를 어루만지면서 소곤거렸을지 모른다. 나는 동그란 얼굴을 붉히며 잘못을 저지른 애들처럼 고개를 숙이고 별에게 사연을 풀어 놓았다.

올여름 나는 지구 온난화로 아열대 현상이 일어나 기후 변화에 적응하기 힘들었다. 열대야에 지쳐 심지어 죽는 사람도 있었다고 한다. 옥상의 텃밭에 물을 주는 주인도 땡볕으로 힘들다고 투덜거렸다. 요즘 같은 날은 매일 물을 주어야 하는데, 무슨 이유인지 며칠에 한 번 밖에 물을 주지 않았다. 난 거의 아사 직전이었다. 살기 위해 이파리를 낙엽같이 떨어뜨렸지만, 열매만은 버릴 수 없었다. 그것은 사랑의 결실이고, 생명이고, 분신이기 때문이다. 생명마저 버려야 할 극한 상황이 온 것 같아 어쩔 수 없이 자식 같은 열매 몇 개를 끊어내었다.

그날 밤, 밤새 울었다. 바라보는 별들도 안타까워 눈물을 흘렸다. 그날 유난히 별똥별이 많이 떨어졌다. 별은 인간이 죽어도 눈물을 흘리지 않지만, 새와 꽃과 감동적인 사랑의 이야기를 들으면 눈물을 흘리고, 죽지 않아야 할 사람이 죽어도 눈물을 흘린다고 한다.

작년에는 주인이 나에게 관심을 가져 부지런히 물을 주었는데, 올해는 밤마다 옥상에 나와 먼 하늘만 쳐다본다. 사랑에 빠진 사람처럼 누굴 기다리는 것 같다. 나에게 물을 준다는 것조차 잊어버린 모양이다. 난 주인을 원망하지 않는다. 진심으로 누군가를 마음에 품어 본 사람은 사랑하는 이의 아픔을 알기 때문이다.

텃밭의 크기는 두 평정도 밖에 안 된다. 대추나무·감나무·복숭아나무·매실나무 등이 있다. 시멘트 바닥에 흙을 부어서 만든 좁은 공간이다. 그곳에서 살아남으려면 경쟁이 치열하다. 인간 세계의 경쟁보다 더 치열할지 모른다. 목숨을 걸어야 하기 때문이다. 하지만 술수를 쓰지 않고, 남을 비방하지 않는다. 오직 자신만의 힘으로 열매를 키워나간다.

나는 후손을 키우기 위해 있는 힘을 다했다. 다 같이 물을 주지 않는데도 유독 나만 비실비실한 것은, 달고 크고 맛있게 키워야 한다는 열매에 대한 부담감 때문이 아닐까. 이젠 사랑도 메말라 더 펴줄 수 없고, 아사 직전이다. 스스로 내 몸의 일부인 가지를 죽여야 할 때가 온 것 같다. 그중에서 열매가 달리지 않는 부분만 골라서 먼저 희생시켰다.

열매가 달린 가지를 먼저 죽인다는 것은 상상조차 할 수 없다. 중국영화 '대 지진'에서, 무너진 집에 깔린 자식 두 명 중에서 한 명만을 구해야 하는, 어머니의 아픈 선택과 다를 바 없었다. 그 아픔은 평생을 품고 갈 것이다.

다행이었다. 열매가 달린 여러 가지 중 하나만 희생시켰다. 주인은 내가 안간힘을 쓰는 신음을 들었는지 물을 주기 시작했다. 때가 좀 늦었지만 부지런히 준다. 내가 살기 위해선 열매를 크게 키울 수가 없었다. 내가 죽으면 열매들은 모두 죽는다. 내가 이 세상에 태어나 중요하게 해야 할 일은 두 가지다. 하나는 살아남는 일이고, 다른 하나는 열매를 훌륭하게 키우는 일이다.

크고 맛있게 키우면 좋다는 것을 안다. 그러나 지금 같은 위급 상황에서는 살아남는 게 우선이다. 만약에 몇 개만 크게 키운다면 다른 사과는 희생되어야 한다. 출세한 인간들은 자기가 잘 나서 그런 줄 안다. 다른 사람의 희생을 바탕으로 컸다는 것을 잘 모른다. 하지만 자연은 누구도 희생하기를 바라지 않는다.

나는 이윽고 주인이 누군가를 사랑하고 있다는 것을 알았다. 전에는 나에게서 크고 맛있는 열매를 바랐지만, 지금은 나의 아픔을 이해하는 것 같았다. 작은 열매지만 안쓰럽게 바라본다. 그것은 주인도 아픔을 겪고 있다는 증거다. 내가 아프지 않으면 남의 아픔을 이해하기 어렵지 않은가.

　보름달이 가까이 오자 주인은 매일 밤을 꼬박 새운다. 목성을 기다리는 게 아니었다. 십 년 전에 헤어진 그대, 그는 죽었지만 별이 되어 올 것을 믿고 있는 것 같았다. 칠월칠석날 견우와 직녀의 아름다운 만남같이. 그리움을 버렸다면 과연 만날 수 있을까. 그런데 요즘은 눈 좋은 사람도 별을 보기 힘들다고 한다. 더군다나 아파트 불빛으로 별이 잘 보이지 않는다. 그런데도 기다린다. 사랑은 사랑을 하는 것보다 기다림이 더 진실에 가까운지 모르겠다.

　보름달 옆에 유난히 빛나는 별 하나, 있는 힘을 다해 그리움을 내뿜고 있다. 별은 주인의 약한 시력을 알고 있는 것 같다.

억새

전에는 산행하고 나면 산의 정기를 받았는지 며칠은 원기 왕성했었다. 그런데 오늘은 뭔가 두고 온 것 같이 허전하다. 혼을 빼앗긴 사람처럼 멍하다. 의식은 되지 않는데. 마음속에 뭔가를 휘감고 똬리를 틀고 앉아 있는 것 같다.

억새밭으로 유명한 영남알프스의 사자평을 다녀온 산행이 생각난다. 혹시 억새를 두고 와서 그럴까. 단풍 숲을 지나면서 친구가 묻는다. 갈대와 억새가 어떻게 다른가? 일행 중 한 명의 설명을 들으면서 혼자 생각을 해 본다.

갈대는 강물의 노래를 듣고 속으로 울면서 자란다. 강하게 생겼지만 오히려 여성의 마음같이 감정이 여리다. 억새는 산에서 살고 부서질 것 같이 여리게 보여 안타까워할 정도지만 울지 않는다. 산의 밤 추위에도 아랑곳하지 않는 강인함과 지독한 가뭄에도 견디는 인내력은 상상을 초월한다. 사랑은 아름다움과 강인함을 함께 준다는데. 아마 억새가 그럴지 모르겠다.

억새꽃만으로는 예쁘지도 않고 향기도 없다. 그러나 누군가 함께 하면 달라진다. 달콤한 말로 유혹하는 법도 없지만, 바람이 인사를 하면 서너 번은 고개를 숙일 정도로 겸손함을 보인다. 별빛과 함께하면 시린 은빛 꽃으로 피어나고 은하수같이 일렁거린다. 억새가 가을을 타고 군락을 이루며 꽃을 피우는 이유 중의 하나는, 홀로보다 군락이 아름답기 때문이다. 사실은 먼 작은 별나라에서 어린 왕자가 은빛 군락을 보고 찾아오기 위해서라는 것을 아는 사람은 드물다.

어린 왕자와의 만남은 축제 때였다. 축제가 거의 끝날 갈 무렵 어느 저물녘이었다. 작은 별나라에서 왔다는 어린 왕자가 찾아왔다. 햇살을 등진 아름다운 나의 모습이 은빛 여우를 닮았다며 사막의 여우를 찾는다고 했다. 나는 억새라고 했다. 그는 여우의 친구라고 하며, 여우 꼬리를 닮은 나에게 친구 하자 했다. 나는 말했다. "친구는 추억이 있어야 해. 추억이 오래될수록 좋은 친구가 될 수 있지. 그래, 우리는 친구가 되기 위한 추억을 만들어보자."

가을 향기가 나고 뒷모습이 매혹적인 여자 친구가 있다. 햇살을 등진 은빛 꼬리를 가진 억새를 닮았다. 그녀도 은빛 꼬리가 있는지 모른다. 그녀의 참모습을 한 번도 본 적이 없기 때문이다. 얼굴을 보는 순간 그녀의 눈 속에 있는 하늘을 보고, 수렁에 빠지는 듯 정신을 놓아버리기 일쑤였다. 늘 보는 얼굴은 진짜 모습이 아니다.

그녀는 술을 마실 때는 밥을 먹지 않는다. 내가 진짜 모습을 보려고 마음을 단단히 먹는 날은 어김없이 소주 한잔하자 한다. 본

모습을 봐야 한다고 마음을 단단히 먹고 얼굴을 보아도, 어느새 눈동자 속의 하늘에 빠져버린다. 술을 마시지 않고 정신 차려야지 하면서도 술잔을 기울이는 나를 발견한다. 내 마음을 읽는 그녀는 분명히 구미호다.

그녀는 계절을 탄다. 그중에서 가을을 제일 많이 탄다. 낮보다 밤에 타고 얼굴은 프리즘을 관통한 옅은 와인색이 된다. 누군가가 가을 밤하늘을 타고 별빛 속으로 사라지는 그녀를 봤다는 사람이 있다. 어쩌면 와인색 짙은 그믐밤에 향기 좋은 와인을 마시고, 온몸이 와인색이 된 그녀가 밤하늘을 배경으로 막춤을 추었는지 모른다.

그녀 곁에 있으면 다른 사람이 느끼지 못하는 계절의 향기를 느낀다. 봄에는 향수를 꿈틀거리게 하는 봄비 소리가 들리고, 여름에는 계곡물이 흐르는 차가운 수박 향기를 느낀다. 가을에는 별빛과 햇살을 품은 억새꽃 향기가 난다. 일부러 맡으려면 맡을 수 없는 풍난 같은 향기다. 겨울에는 자작나무 타는 포근한 향기를 느낀다. 인간은 계절마다 옷을 갈아입지만, 계절을 갈아입는 그녀는 인간의 모습을 한 구미호가 분명하다.

그녀가 자연을 닮았다는 것을 오늘에서야 알았다. 어제 산행을 하고 마음이 허전한 것은 억새를 두고 왔기 때문이 아니다. 사자평에서 본 수많은 은빛 파경, 그것은 억새꽃이 아니라 구미호의 은빛 꼬리였기 때문이다. 어린 왕자가 은빛 여우를 찾기 위해 다녀갔듯이 나도 그런 건지 모르겠다.

어쩌면 그런 면에서 내가 그녀를 좋아하는지 모르겠다. 햇살을 등지고 태어나는 은빛 꼬리는 뒷모습이 아름다운 그녀의 느낌과 다르지 않다. 햇살을 등진 억새꽃을 가까이 가서 보는 순간 그녀의 눈에서 본 가을하늘을 보았다. 혼미해 버리는 것처럼 비틀거린다. 계절이 타는 냄새에 취해서 대중가요와 막춤을 추며 비틀거려 보지 않고는 그녀의 매력을 모른다.

아픔 없는 추억이 있는가. 아픔을 감수하지 않고 어떻게 참모습을 알 수 있겠는가. 난 그녀의 진면목을 알기 위해 그녀의 눈을 쳐다보았다. 하늘이 보인다. 바늘로 허벅지를 찌르니 피가 밖으로 나오지 않아, 다시 심장을 찌른다. 통증은 혼미를 삼켜버리고, 점점 하늘이 커지는 게 보인다. 하늘마저 사라지고, 햇살에 피어나는 아홉 개의 꼬리를 가진 은빛 억새꽃만 보인다.

행복은 덤이 아니다

　할인판매다. 연일 전단지가 신문에 끼워 들어온다. 100명에 한해서 선착순 사은품 증정, 30만 원 이상 구입하면 여행용 가방과 오븐 토스터기 중 택일이다. 촌부가 장날에 몇십 리 되는 장터에 가듯 여성 고객들은 백화점으로 향한다. 울렁거리는 가슴의 느낌을 얼굴에 깊이 감추고, 덤으로 받을 사은품에 기대가 크다. 백화점 문 열기가 무섭게 매장으로 달려든다.
　물건을 사려고 가는지 사은품 때문에 가는지 모를 정도다. 이왕 물건 사는 것, 덤으로 받으면 좋다. 누구나 작은 것이라도 선물을 받으면 좋지 않은가. 사은품 때문에 제품을 구입하지는 않는다. 그러나 사은품이 없었다면 당장 구입을 하지 않을 수도 있다.
　그렇게 구입한 사은품이 실생활에 별로 도움이 되지 않는다. 여행용 가방을 받을 것이라고 예상했는데 오븐토스터기를 받은 적이 있다. 그것도 중국산이다. 사은품치곤 괜찮은 게 많지 않다. 한두 번 사용하다가 먼지가 뽀얗게 덮여 창고에 보관 중이다. 덤은 어디까지나 덤이다. 우리에게 정말 중요한 것은 덤이 아니다.

미국에서는 여성들을 쇼핑 못 하게 하면 지옥에 가는 느낌을 받는다고 한다. 우리나라의 방송에서는 쇼핑은 행복이라고 한다. 쇼핑은 물건을 사러 가는 일이지만 반드시 물건을 사야 하는 것은 아니다. 아이 쇼핑도 쇼핑이라고 하지 않는가. 물건을 사야 행복한 것이 아니라 쇼핑 자체가 행복이다.

　그렇다고 물건 구입을 전제로 하지 않는 쇼핑은 즐거움이 반감된다. 아이 쇼핑도 언젠가 쇼핑을 할 것을 전제로 한 정찰 임무와 같다. 쇼핑의 즐거움 뒤엔 돈이 받쳐 줘야 한다. 명예, 권력도 돈이 없으면 불가능할 정도고, 심지어 생명까지 돈으로 산다고 하지 않는가. 돈으로 살 수 없는 것이 없을 만큼 자본주의 사회에서 돈의 위력은 크다.

　사법고시 합격은 부와 명예가 보장된 당첨된 로또복권이나 마찬가지다. 모두 선망의 대상이다. 몇 년 전에 들은 이야기인데 50세 초보 변호사가 자살했다. 50세까지 사법고시 공부만 하였다. 거의 평생을 한 가지 목적에 자신의 삶을 바쳤다 해도 과언이 아니다. 아마 사법고시 합격이 행복인 줄 알았을 것이다. 그런데 성취하고 나서야 자신이 원하는 행복이 아닌 줄 깨달았는지 모른다. 삶의 허망한 느낌이 들고 의미를 잃어버렸는지 모른다.

　정상에 오르더라도 얻을 수 없는 게 있다. 행복이다. 재벌이 사업이 부진하자 자살했고, 권력가가 감옥에서 자살했다는 방송은 우리를 얼마나 인생 허무에 빠지게 했던가. 부자는 돈으로 죽고, 권력자는 권력 때문에 죽는다는 말이 있다. 물론 방송을 전적으로 믿지는 않는다. 거기에는 우리가 모르는 갈등과 부조리가 있을 것이다. 그러나 행복 때문에 죽는 사람은 없다.

우리는 태어난 이상 살아야 할 의무가 있고, 그다음에는 행복하게 살아야 할 의무가 자기에게 있다. 모든 것은 행복에 초점을 맞추어야 한다. 돈과 명예와 권력도 행복에 초점을 맞추어야 한다. 돈 자체로 행복한 게 아니라, 돈으로 행복을 살 수 있는 일을 해야 한다. 그렇다고 행복은 할인판매의 사은품같이 따라 오는 덤이 아니다. 덤이 주는 즐거움은 그저 공짜와 같은 얄팍한 즐거움이다. 일하는 목적이 돈과 명예가 아니라 행복이 되어야 한다. 돈과 명예는 덤이다.

자전거 타기 취미인 자는 자전거를 구입할 때, 어떤 자전거를 살지 미리 공부하고 고민하고 나서 산다. 구입한 후 숙달시키기 위하여 연습한다. 자전거를 타기 위해서는 왼발을 페달에 놓고, 오른발을 오른쪽 페달을 밟으면서 힘을 준다. 처음에는 균형이 잡히지 않아 뒤에서 잡아주고, 균형이 잡히기 전까지는 무릎과 손바닥이 깨져 피가 나기도 한다. 그만둘 생각까지도 하지만, 균형이 잡히면 그때부터 쉬워진다. 바람같이 앞으로 나간다. 행복도 마찬가지가 아닐까.

행복은 행복하기 위한 연습을 쌓아야 한다. 남에게 베푸는 것도 행복 연습 중의 하나다. 자꾸 베풀다 보면 처음에는 어렵지만 곧 쉬워지고 편해진다. 그러나 자신의 모든 것을 다 주어도 아무것도 바라지 않는 마음이 되어야 한다. 바라는 마음이 있다면 비

즈니스와 마찬가지다. 행복도 성숙하면 조그만 일에도 즐거워할 수 있다. 인생의 궁극 목적인 행복을 덤이나 사은품 정도로 생각한다면 곤란하다. 행복은 다른 것보다 더 피나는 훈련을 쌓아야 한다.

여름 땡볕 아래 행운을 찾기 위해 네 잎 클로버를 찾는다. 겨우 찾지만 결국 한 잎을 버려야 한다. 세 잎 클로버가 행복이기 때문이다. 버린다고 다 버리는 것이 아니라, 한 잎만 버린다. 행복하게 산다는 것은 클로버 한 잎을 버리는 것과 마찬가지가 아닐까. 하나를 버리는 마음으로 산다면 온 천지가 세 잎 클로버라는 것을 알 수 있을 텐데.

행복은 어떤 것의 대가로 주어지지 않고, 찾으려고 애쓰는 것도 아니다. 행복을 사는 돈은 행복하기 위한 연습이라고 생각한다. 게으르지 말고 열심히 연습하다 보면, 과정 자체가 행복이고, 자신도 모르게 행복에 젖어 있을지 모른다.

햇살의 사랑

햇살의 따스함을 즐길 줄 아는 사람은 무미건조한 일상의 여유로움을 아는 사람이다. 바쁜 사람은 햇살에 사랑이 있는 것조차 모른다. 그들은 감각기관이 사라진 청맹과니 같다.

KBS 한국기행에서 본 적이 있다. 울진 산골의 농사꾼 부부는 매일 지극히 단조롭고 반복된 일상생활에서도 웃음이 있고, 햇살의 사랑이 있어 행복하다고 말한다. 어린애들은 특별한 일이 있어 즐거운 게 아니다. 그냥 일상 그 자체로서 즐겁다. 두 손과 햇살만으로 온종일 논다. 자유롭게 두어라. 햇살의 사랑을 막을 수 없듯이 그들의 자유도 또한 막을 수 없지 않겠는가.

일상에 빠지면 일상의 참모습을 보지 못하고, 권태와 무의미를 느끼고, 일탈을 꿈꾼다. 일탈하면 그 일탈은 일상이 되고, 다시 일탈을 꿈꾸는 반복적인 행위를 한다. 이것은 불만족이고, 두려움과 불안으로 확대된다. 일상의 본질은 반복적인 생활이 아니라, 한순간도 멈춤 없이 변화하는 늘 새로운 것임을 안다면 일탈을 꿈꾸지 않을 텐데.

드라마틱한 것, 특별한 것, 여행 등은 불편하지만 우리는 원한다. 일탈의 자유로움과 가슴을 꽉 채우는 새로움과 기쁨을 느끼기 때문이다. 그러나 아무리 좋더라도 계속으로 할 수 없고 집으로 돌아와야 한다. 돌아오면 오히려 편안함을 느끼는 경험을 했을 것이다. 그것은 마치 일상에서 일탈하고, 일탈에서 다시 일탈하기 위해서 일상으로 돌아간 것과 같다. 일탈의 일탈은 다시 일상이다. 일상의 편안함, 익숙함의 편안함이다.

드라마틱한 것, 특별한 것, 여행도 몇 번 반복하면 그저 일상이 되고, 일탈과 일상이 둘이 아니라는 사실을 경험하는 순간일지 모른다. 그러나 아직은 일상에 돌아오면 다시 일탈을 꿈꾼다. 일상 속에 일탈이 있다는 것을 모르기 때문이다. 이런 어리석음으로 일상의 미세한 변화를 자각하지 못하고, 특별하고 드라마틱한 것을 찾으려고 오늘도 여기저기서 헤맨다.

이렇게 우리는 단순한 일상에 끊임없이 변하는 기적 같은 새로움이 있다는 것을 보지 못한다. 이것을 통해 자신의 탐욕을 충족시키는 반복된 생활을 해왔기 때문이다. 그래서 안목을 키우는 훈련을 하지 않으면, 우리는 특별한 것, 새로운 것을 끊임없이 찾으려고 한다. 찾았더라도 다시 새로운 것을 찾으려고 애쓰는 반복된 삶을 산다. 이것은 괴로움이다. 세상은 극적인 반전, 특별한 것, 새로운 것이 없다. 조건에 따라 이름이 다를 뿐이다. 그저 일상뿐이다. 특별한 것, 새로운 것을 찾지 마라. 찾는다고 해도 곧 익숙해져 일상이 된다.

어쩌면 인생은 무미건조한 일상의 반복에서 벗어나기 어려운지 모른다. 일상의 반복이 고통이라면, 우리의 삶은 고해苦海다. 고해의 삶에서 벗어나는 길은 일상이 바로 특별하고 새로운 것임을 아는 눈을 뜨는 것이다. 진정한 일탈을 만나기 위해서는 밖으로 나아가는 것이 아니라, 안으로 더 깊숙이 들어가야 할지 모른다.

삶은 멈춤과 익숙함이 아니라, 불안함과 새로움에 대한 끊임없는 부딪힘이다. 피하려고 해서는 안 된다. 아무리 피해도 바다다. 특별한 것은 일상을 벗어난 어떤 것에서 새로움을 찾는 것이 아니라, 일상의 반복, 익숙함, 권태에서 새로움을 찾는 것이다. 다른 말로 하면 찾는 것이 아니라, 자각한다고 할까, 있는 그대로 받아들인다고 할까.

권태는 내적 결핍에서 일어나는 하나의 욕망이다. 욕망은 충족되면 다시 일상으로 돌아가고 또다시 권태가 온다. 끊임없는 반복을 멈추지 않으면 결코 행복은 요원할지 모른다. 일상에서 무언가 특별한 이벤트를 바라지 않는 게 좋다. 요즘 젊은 사람들은 사랑을 이벤트라고 생각할지 모른다. 그러나 결혼 생활은 이벤트가 아닌 그저 삶이다. 삶에는 기쁨과 슬픔, 아름다움과 추함, 이벤트와 권태가 함께 어우러져 돌아가고 있다. 어떤 상황이 일어나더라도 있는 그대로 받아들이는 게 우선이다. 그러면 생각은 멈추고, 상황은 끝이다. 다시 문제가 생기면 전과 동일한 방법으로 해결하면 된다. 그런데 우리는 생각한다. 다시 권태가 올 것이라고 …. 아직 오지 않는 권태를 위하여 우리는 이벤트적인 사랑을 찾는다.

    삶은 되풀이 되는 일상이다. 아무리 이벤트라도 그 역시 일상의 한순간이다. 그마저 곧 되풀이되는 일상이 된다. 일상은 존재하는 모든 삶을 순식간에 감싸 안는다. 살아있는 이상 그것을 피해 갈 수 없다. 피할 수 없는 현실을 피하려고 발버둥 치니 진흙 늪에 빠지듯 헤어날 수 없다. 가슴 설레는 새로운 곳으로 가더라도 그곳도 곧 일상이 된다. 햇살의 사랑이 없는 곳이 있을까.

    삶을 자세히 살펴보면 아슬아슬하고 불안하다. 마치 전쟁터 같다. 불편함 속에는 여유가 있고, 편함 속에는 권태가 있다. 조용해지면 권태와 싸워야 한다. 대상이 있을 때보다 대상이 없을 때 싸움이 더 어렵다. 일탈을 선택하는 것보다 무미건조한 일상과 싸움이 더 어렵다.

    지루한 일상을 벗어나고자 떠난 새로운 여행지의 만남은 분명히 새롭다. 그것은 또 다른 나의 작은 일상의 조각이라는 것을. 무언가 특별하고 신기한 것을 찾아다니지만, 새로움은 순간이고 곧 일상이 되어 버린다. 일상과 일탈은 두 몸이 아니라 상호 연결된 하나의 다른 몸이라는 것을 안다면 …. 어느 여행사의 캐치프레이즈가 생각한다. "목적 있는 여행이 좋다. 가장 좋은 목적은 여행 자체이다."

    햇살의 사랑은 늘 존재한다. 지금 이 자리에서 햇살 한 조각에 사랑이 있음을 자각한다면 살아있음이다. 별도 사랑이 있을까.

2부
자아와 삶

이명耳鳴

　매미 소리가 들린다. 거울처럼 매끈한 수면에 생긴 잔잔한 파문 같은 소리는 생각보다 손톱의 가시 같다. 이비인후과 의사는 나이가 들면 오는 이명이라 하며 고칠 수 없다고 한다. 워낭소리같이 그냥 안고 살아가야 하는가 보다.

　매미 소리는 계곡의 청량함을 담은 듯 한여름의 땡볕을 식히고, 댓바람을 담은 듯 한여름 밤의 열기를 식힌다. 모두 매미를 부러워한다. 푸른 하늘 아래에서 마음껏 고함을 지를 수 있고, 날 수 있기 때문이리라. 무엇보다 긴 굼벵이의 생활에서 벗어났기 때문이리라. 그래서 불가나 도가에서 매미를 해탈의 상징으로 비유하기도 한다.

　난 그런 매미 한 마리 품고 산다. 육칠 년 어둠 속에서 사는 굼벵이는 수없이 허물을 벗고 새로운 변화를 모색하지만, 역시 굼벵이를 벗어나지 못한다. 그것은 고통의 시간, 두 번 다시 거치고 싶지 않은 순간이라고 고개를 저을지 모른다. 매미가 해탈이라면 굼벵이의 긴 삶은 어찌하란 말인가. 짧은 해탈 긴 어둠은 마치 우리의 인생과 같지 않은가.

어찌 한 철의 매미를 해탈이라 하겠는가. 매미 소리는 깨달음의 일성이 아니라 이명같이 아우성일지도 모른다. 이명은 폭포 소리만큼, 한여름의 느티나무 아래의 매미 소리만큼 요란스럽다. 아름답고 시원한 자연의 소리가 아니라 기계가 돌아가는 굉음과 같다. 시끄러운 곳에서는 외부 소음에 묻혀 들리지 않지만, 고요하면 더 크게 들린다. 여간 불편하지 않다. 몸이 피곤할 때나 마음이 편치 않을 땐 온 머릿속을 매미 소리로 꽉 채워지는 것같이 어지럽다. 소리에 대한 고문도 이러할까.

외부에서 들려오는 소리는 시끄러우면 귀마개로 막고, 아니면 장소를 옮기면 들지 않는다. 하지만 내부에서 울리는 매미 소리는 어찌할 도리가 없다. 오롯이 있는 그대로 품을 수밖에 없다. 우리는 싫든 좋든 선택하면서 살아간다. 무의식적으로 좋은 것은 붙잡고 싫은 것은 뿌리친다. 그러나 가족·늙음·병·죽음과 같은 것은 자의든 아니든 더불어 살아가야 한다. 비록 그게 고통을 준다고 할지라도. 이명도 더불어 사는 인생 드라마의 한 단면일지 모른다.

매미 소리가 굼벵이의 흔적이듯이, 이유 없이 이명이 나오지 않았을 것이다. 기억의 창고에 갇힌 내 삶의 흔적 중 일부가 매미가 되어 맴맴 거리는 줄 모른다. 이명은 늘 내 속에 있었는데 내가 몰랐을지도 모른다. 진작 알았더라면 이명이 나올 때, 놀랄지도 않았고, 부정하지도 않았고, 피하지도 않았을 것이다. 때가 왔는가 하고 반갑게 맞이하지는 안 했어도 있는 그대로 인정했으리라.

  매미는 육칠 년 동안 어둡고 칙칙한 땅속에서 홀로 살아온 굼벵이의 삶을 품고 있다. 굼벵이와 매미 삶은 다르지 않다. 그러니 굼벵이의 삶을 어둡고 칙칙하다고 말하지 마라. 기억하고 싶지 않은 긴 추억이라고 말하지 마라. 매미는 굼벵이를 벗어난 삶이 아니다.

  비록 이번 한철이 마지막이라도, 환희가 아니라 절규라도, 굼벵이의 꿈은 매미가 되는 거다. 꿈은 매미지만 한 번도 매미 같은 삶을 살지 않았다. 그렇게 살았다면, 앞만 바라보고 달려가다 늙고 병들고, 마침내 죽음이라는 고통의 순간을 맞이하는 우리의 삶과 무엇이 다른가. 굼벵이는 매미가 되기 위해서 살지만 매미 같은 삶을 사는 것이 아니라, 자신의 삶을 충실히 살았다. 그것은 고통이 아니라 하루하루 성숙해 가는 과정들이었다. 그래서 굼벵이가 매미가 된다. 만약에 굼벵이가 매미같이 한여름의 뜨거운 태양 아래에 살았다면, 불지옥과 다름없었을 것이다. 땅속이 굼벵이에게는 최상의 조건이다.

  남아프리카공화국의 만델라 대통령은 30년 동안 감옥에서 지냈다. 그곳은 양손을 벌리면 닿을 정도의 좁은 공간이었다. 그곳에서 지낸 세월도 대단하지만, 자신을 가둔 자들을 용서했다. 또한 대통령이 되자 가둔 자와 가두어진 자들의 화합을 위하여 밤낮으로 뛰었다. 마치 한 철의 매미가 한 치의 쉼도 없이 아우성을 친 것처럼. 그에게 있어 감옥 생활은 매미가 되기 위한 굼벵이의 삶이었을 것이다. 매미의 삶을 산 것이 아니라 굼벵이의 삶을 살았다는 것을 …. 용서가 가능했을 것이다.

  고통은 삶의 장애물이지만 오히려 고통을 이겨내는 힘을 키워 준 원동력이다. 그 힘으로 매미는 마지막 절규를 이겨낸다. 매미 절규의 진실을 안다면 굼벵이의 삶이 얼마나 중요한가를 알 것이다. 어쩌면 굼벵이의 삶도 매미의 삶도 행복은 아닌지 모르지만, 결코 우리가 생각하는 그런 고통도 아닐 거다. 삶은 끊임없이 새로운 삶을 모색하듯이, 그것은 그들만의 새로운 삶일 것이다.

  매미가 매미가 되는 게 아니라 굼벵이가 매미가 된다. 매미는 벗어남이 아니라 굼벵이의 변화다. 그래야 굼벵이의 삶에서 매미를 찾을 수 있다. 모든 것은 변한다. 굼벵이는 매미가 되고 매미는 이명이 된다. 이명이 나를 괴롭히지만 나는 매미가 된다.

물은 어디서 와 어디로 갈까

    금정산은 부산의 진산鎭山이고, 금정산성의 손을 잡고 걸으면 어느새 바다가 옆에 따라와 팔짱을 끼는 아름다운 곳이다. 숲이 적고, 계곡이 깊지 않아 물이 흐르지 않는 게 흠이다. 그래도 고담봉의 서쪽 능선인 호포 쪽으로 하산하다 보면, 한 방울의 물도 보이지 않다가, 육부 능선쯤에서 제법 물 흐르는 소리가 들린다. 물소리가 나를 깨운다. 봉우리에는 물이 보이지 않는데, 저 물은 어디에서 생명의 호흡처럼 끊임없이 흐를까.

    전망대에서 산 아래를 내려다보면, 정작 흘러야 할 강물은 멈추고, 오히려 하늘금 따라 산이 흐르고, 강 따라 강둑이 흐르는 것 같다. 보이지 않는다고 없는 게 아니듯이, 멈추었다고 흐르지 않는 게 아니다. 낙동강의 발원지인 태백의 황지는 깊이를 알 수 없는 땅속에서 물이 흘러나와서 생긴 연못이라고 한다. 황지의 시작은 아무도 모른다. 강물의 끝은 남해라고 하지만, 이것은 우리의 생각이다. 존재의 시작과 끝은 드러난 곳이 아니라 드러나지 않는 곳이라면, 물의 시작은 어디고 끝은 어디일까.

물은 어디에서 와 어디로 가는지 모른다. 시작은 같을지라도 삶은 달라 같은 길을 가지 않는다. 그러나 먼 훗날 바다에서 다시 만날 수 있다는 것을 알기에, 미지에 대한 두려움과 이별의 아픔이 일어나더라도 견딘다. 또한 격류와 여울목에서 일탈을 위해 몸부림치기도 하고, 부딪쳐 새로운 환희를 맞볼 용기를 일으키기도 한다. 다시 만난다면 무엇이 두려운가. 죽음마저 두렵겠는가.

물은 새로운 도전을 위하여 폭포를 만든다. 그런데 연어는 폭포의 급류를 지느러미가 부러지도록 치면서 거슬러 올라야 한다. 고난의 길을 통과하여야 고요하고 안락한 고향에 도달할 수 있다는 것을 물은 이미 겪어 알고 있기에… 슬프다. 물은 흐름을 멈추고 싶지만 자신도 어쩔 수 없다. 연어가 그렇게 거슬러 올라야 하듯이, 자신은 그렇게 흘러 내려가야 하기 때문이다.

강물은 넓고 고요한 벌판에 이르면, 새들이 모여 있는 저수지에 머물기도 하고, 농부가 만든 물길을 따라가기도 한다. 오랜만에 맛보는 고요와 평화로움을 즐긴다. 아마 새들과 농작물에 생명을 주었기 때문에 생긴 기쁨이 아닐까. 하지만 흐름에 의미를 붙이는 건 우리의 생각이다. 흐름에 목적이 있는 것도, 목적지가 흐름의 의미도 아니다. 그저 흘러갈 뿐이다. 시계는 고장이 나도 세월의 흐름이 멈추지 않듯이, 차마고도의 말처럼 등에 무거운 짐을 지고, 좁고 험한 산길을 멈추지 않고 가야 하듯이, 물도 자신의 의지와 관계없이 자신이 만들어 놓은 물길을 따라가야 한다.

어느 날, 물은 흐름을 멈추고 웅덩이에서 조용한 휴식을 취하는 듯하였다. 인간들이 제일 불필요한 존재라고 여기는 모기에게 생명의 길을 터주기 위해서였다. 스스로 자기의 몸을 썩히며 기꺼이 그들의 생명의 터전이 되어 준 것이다. 그것도 그가 해야 할 일이다. 존재하는 것은 어느 것 하나 소중하고 필요하다는 것을 체험했고, 하나가 없으면 다른 하나가 사라져야 한다는 것을 알기 때문이다. 마치 잡초가 없으면 땅이 불모의 사막이 되듯이, 모기가 불필요하다고 생각하는 건 우주를 모르는 무지 때문이리라.

멈추었다고 멈춘 게 아니다. 자신의 몸을 썩히면서 생명을 살리지만, 자신은 알 수 없는 새로운 삶에 부딪힌다. 웅덩이에 고인 물은 썩고 말라 바닥이 드러나더라도 물은 사라지는 게 아니다. 하늘로 올라가 구름이 되고 땅으로 스며들어 맑은 우물이 된다. 물의 모든 것을 빼앗더라도 흐름만은 빼앗을 수 없다. 물은 그 자체가 자유가 아닐까. 우리의 삶도 썩어 문드러지더라도 언젠가 구름이 되고 샘의 근원이 되지 않을까.

1·4후퇴 추운 겨울날, 한강 철교가 폭파되고, 나룻배도 뗏목도 없고, 영문도 모르면서 추위와 두려움에 떠는 피난민들. 그들을 위하여 이쪽 강 언덕에서 저쪽 강 언덕으로 건너도록 기꺼이 다리가 된 물이 있었다. 부드럽고 연약한 자신은 딱딱하고 굳은 얼음이 되었다. 짓밟히고 깨어지고 상처투성이가 되어도 오랜만에 맛보는 기쁨이 있었다. 그 순간에도 얼음 밑엔 따뜻한 흐름을 멈추지 않았다.

물은 만날 때와 이별할 때, 기쁠 때와 슬플 때, 심지어 태어나고 죽는 순간에도 흐르지 않는 경우가 없다. 흐르지 않는 것은 우리의 마음속에 있는 추억과 그리움이다. 그것은 흐름을 과거로 역류시키려 하고, 미래로 뛰어넘으려고 하였다. 이건 아픔이다. 흐름은 과거도 미래도 아니다. 삶처럼 현재 진행형이다. 우리도 삶을 흐름에 던지고 그냥 흘러가면 되는데, 무슨 생각이 그리 많은지 모르겠다. 이건 흐름의 진리를 모르는 어리석음 때문이리라.

같은 물이라도 한순간도 같은 적이 없다. 그렇다고 다른 물도 아니다. 수많은 물방울은 서로 몸을 섞으면서, 같지도 다르지도 않은 물이 되어 끊임없이 이어진다. 물과 물방울은 흐름 속에 함께 있다. 물이 생명이 아니라 흐름이 생명이다. 물이 내가 아니라 흐름이 바로 나다. 흐름은 정상에 있으면 정상이 되고, 강에 있으면 강이 되고, 바다에 있으면 바다가 된다. 물이 바다가 되는 게 아니다.

산이 존재하는 한 물은 흐른다. 개천·냇물·강·바다를 있게 한 것은 물이 아니라, 상호 연관된 흐름이다. 만물은 흐름을 먹고 자란다. 우리도 산과 강 따라 흘러야 참 생명을 유지할 수 있다. 우주의 역사와 함께 존재가 시작된 것 같이 흐름은 태어나기 전부터 이미 시작되었다. 내 몸 안에도 물이 흐른다.

숨

숨을 쉬라. 인간의 최고의 순간은 숨을 쉬는 일이다. 인간뿐만 아니라 살아있는 생명체의 가장 소중한 순간은 숨을 쉬는 일이다. 이때의 느낌을 알아차려라. 모른다면 최고의 순간을 놓치는 것이다. 알아차리면 자유와 행복을 맛볼 수 있다. 어쩌면 우리는 좀 더 잘 숨쉬기 위해서 최선을 다하고 사는지 모른다.

누워서 떡 먹기 쉽다고 하지만, 어쩌면 숨 쉬는 일은 그것보다 더 쉽고 단순하고 자유자재로 할 수 있다. 어떤 경우에도 걸림 없이 숨을 쉴 수 있다. 그렇게 살아왔고 앞으로도 그렇게 살 것으로 생각한다. 아니 그런 생각조차 하지 않는다. 그만큼 쉽고 자유자재하다. 과연 그럴까. 이것을 마음대로 할 수 있다면, 어떤 순간에라도 숨을 쉴 수 있다면, 죽는 순간에도 숨을 놓지 않을 수 있다면…. 숨쉬기는 쉬운 것 같지만 내 마음대로 되지 않는다. 늘 최고의 순간만 있는 게 아니다.

지리산 산행 때의 일이다. 벽계사에서 천왕봉으로 올라가는 코스는 짧지만 가파르기로 유명하다. 그날은 초입부터 다리가 뻐근하다. 벽계사를 지나자 숨이 가빠지기 시작한다. 걷는 속도와 호흡을 조절하면서 쉬엄쉬엄 갔지만, 심장이 폭발할 것 같고, 한 발 떼기도 힘들다. 이때는 숨을 쉬는 것이 아니라, 심장과 숨의 전쟁 같다. "흉통, 가슴 두근거림, 호흡곤란, 어지러움, 구토가 일어나면 산행을 중지하라."는, 심장발작 위험 안내 표지판의 내용이 무섭게 다가온다. 무리하게 잘못 산행하면 사망에도 이를 수 있다. 결코 숨 쉬는 일은 쉬운 것도 자유자재한 것도 아니다.

　몇 년 전에 중국의 쓰꾸냥산(5,455m)을 트레킹 한 적이 있었다. 이름은 기억나지 않지만 3,000m 고도에 위치한 호텔에 여장을 풀었다. 라면 봉지는 고무풍선같이 부풀어 탱탱하고, 숨쉬기가 부드럽지 못하고, 머리가 띵했다. 그다음 날 말을 타고, 베이스캠프(4,5000m)까지 올라갔다. 캠프에서 잠을 자는데, 갑자기 구토가 나고, 머리가 깨질 것같이 아프고, 정상적으로 숨을 쉴 수 없었다. 길게 들숨하고 길게 날숨하며 호흡을 조절했지만, 고산증에 머리가 아파 견딜 수가 없었다. 간이 산소호흡기의 산소를 밤새 들여마셨지만, 아픈 머리는 나아지지 않았다. 고산증 때문에 정상의 도전을 접었다.

　새벽이 되자마자 급히 하산했다. 호텔에 돌아오니 호흡도 부드러워졌고 아픈 머리도 가셨다. 고산증의 약은 하산하는 길밖에 없다. 생체 리듬에 따라 자연적으로 숨을 쉬면 아무 문제가 없다. 누워서 떡 먹기보다 쉬운 숨쉬기가 조건에 따라 생사의 경계에 서고, 내 마음대로 되지 않는다는 것을 알았다.

은행에 저축한 돈을 내 마음대로 쓰지 못하면 내 돈이 아니듯이, 내 숨을 내 마음대로, 나를 내 마음대로 할 수 없다면 진정한 나라고 할 수 있을까. 이것을 깨닫는다면 나의 신념, 나의 가치관이 옳다고 집착하지 않을 거고, 남의 입장에서 보고 이해하고 배려할 수 있을 거다. 또한 남도 자신을 마음대로 할 수 없어서 탐욕을 부리고, 화를 내고, 자신과 다른 사람을 본의 아니게 괴롭히지 않을 수 없다는 것을 안다면, 공감과 연민이 일어날 수 있지 않을까.

살아간다는 것은 무엇인가? 특히 시한부 인간이 살아간다는 것은 무엇인가? 살아 있어서 숨을 쉬는 것이 아니라, 숨쉬기 때문에 살아 있다. 숨은 바로 생명이다. 숨과 생명은 별개가 아니다. 그렇다고 숨에 어떤 의미와 가치를 부여하지 마라. 숨은 생명에 대한 갈망이 아니라, 생명 자체다. 숨을 쉰다는 것은 매 순간 최선을 다하는 것이지, 억지로 애쓰는 것이 아니다. 강물이 바다에 가듯이 자연적인 흐름이다. 숨을 강제적으로 쉬게 하고, 숨 쉬는 일을 허락받아야 한다면 …. 다행히도 어디시나 이느 때나 스스로 자유롭게 숨을 쉴 수 있다. 그래서 생명체는 본능적으로 자유롭고, 행복할 수 있는 능력이 있다고 봐야 한다.

그렇다고 숨만 쉰다고 내가 자유로움을 느낄까. 만약에 눈앞의 사과를 보지 않고 있다고 한다면 그건 실재가 아니라 생각이다. 나도 마찬가지다. 숨을 쉰다고 내가 살아 있는 게 아니라, 숨을 자각해야 내가 살아 있다. 자각하지 않고 있다는 건 실재가 아니라 생각일 뿐이다. 숨을 아는 것은 나를 아는 것이고, 숨을 조절하는 것은 나를 조절하는 것이다. 그런데 우리는 한 번도 숨쉬기에 주의를 기울여 자각해 본 적이 없으므로 자신의 살아 있음도, 자유로움도 모른다. 우리는 생각을 붙잡고 헤매고 있으면서도 자유롭게 산다고 생각한다.

　우리는 특별하게 되려고, 특별한 것을 취하려고, 특별한 것을 먹으려고 하는 등 특별한 삶을 살려고 한다. 세상에서 생명만큼 특별한 것이 있을까. 숨의 자각이 살아 있는 순간이고 생명 자체다. 그것은 과거나 미래가 아니라 지금-여기에 있다. 삶의 의미와 행복도 마찬가지가 아닐까. 생사의 차이는 한 호흡에 달려 있다. 자신의 호흡을 놓치지 않고 집중해 봐라. 가능한가. 목숨 같은 중요한 순간들을 자각하지 못하고 망상에 빠져 헤매고 있지 않은지.

　숨은 의도적으로 하지 않기에 결과가 생기지 않는다. 또한 숨은 한순간도 멈추지 않고, 동일하지 않기에 무상하다. 숨의 자각은 무상의 체험이다. 그래서 화, 불안, 걱정 등 부정적 감정이 자동으로 급하게 일어나더라도, 숨을 자각하면, 화·불안 등은 사라지고 자연적으로 고요와 안정으로 변한다. 그렇다고 숨을 통제하여 고요하게 만들려고 애쓰면, 나의 탐욕이 개입되어 더 거칠게 된다. 언제 어디서나 자연스럽게 숨을 쉬고, 숨을 자각한다면 고요와 안정이 유지된다. 아, 이게 쉽지 않다는 것이다.

　나의 소원은 단순히 '오직 숨을 쉰다.'라고 하고 싶다. 난 너무 많은 것을 바라고 있는지 모른다. 시를 쓰고, 수필을 쓰고, 명상하고, 산행하고…. 그냥 숨만 쉬면 안 될까. 그냥 숨만 자각하면 안 될까.

폭포

우주를 품은 풀잎 끝의 이슬방울은 끝을 모르는 흐름을 연다. 흐름은 흐름을 잉태하고 새로운 기쁨을 찾는다. 멈출 수 없는 환희는 어느새 삶의 멍에로 다가온다. 흐름은 자연의 삶이다. 멈출 수 없다. 멍에를 내리려고, 여울목에서 물거품을 일으키면서 격렬한 몸부림을 쳐본다. 하지만 거머리 같은 기억의 무게를 떨치기엔 역부족이다. 꼬리에서 솟구친 혈액은 머리에서 곤두박질치면서 폭포가 된다.

폭포는 삶이어야 한다. 폭포는 산이 높다 해서 높은 것도 아니고, 강이 깊다고 해서 웅장한 것도 아니다. 폭포는 수많은 세월의 인내와 암반과 물의 조화로 생긴다. 무른 바위는 닳아 없어지고 모진 바위만 남아 폭포가 된다. 칼로 자른 듯한 우뚝 솟은 바위의 벼랑 밑은 어둡고 시퍼런 물이 넘실거린다. 뇌성벼락이 천지를 작살내는 것처럼 폭포수는 곧장 아래로 떨어진다. 웅덩이에는 분노를 삭이지 못한 듯 하얀 물거품이 솟구친다. 그것만으로도 폭포는 두렵고 공포를 자아낸다. 하지만 물보라 위에 나르듯이 그려지는 돔형 무지개는 새로운 세계로 향한 문이 아닐까.

폭포는 떨어짐이어야 한다. 대지의 회색 기운을 가득 안고 지칠 줄도 모르게 달려온 흐름은, 세월의 무게 때문에 더 감당키 어려운 흐름의 끝에 선다. 멈출 수 없는 흐름은 버티어 보지만, 스스로의 무게로 절벽에 떨어질 수밖에 없다. 폭포는 두려움과 외경의 대상이 아니라 부딪혀야 할 현실 세계다. 부정할 수도 거부할 수도 없다. 피할 수 없다면 스스로 떨어지리라. 떨어짐은 고통의 정점이며, 스스로 정화하기 위한 몸부림이다.

폭포는 끊임없이 토해야 한다. 폭포수의 떨어짐은 언어를 구토하는 순간이다. 목구멍에서 혀를 타고 의식도 없이 토하는 언어는 비수가 되어 자신의 가슴으로 되돌아온다. 그러하더라도 쉬지 않고 끊임없이 토해야 한다. 억겁이 쌓인 무의식의 기억까지 토해야 한다. 토해도 토해도 똑같은 크기로 쌓이는 낡은 언어는 어이해야 하나. 그래도 토해야 한다. 겨울의 단단하고 차가운 얼음 속에서도 한순간도 멈춤 없이 토해야 한다. 어느 날 낡은 언어는 사라지고 새로운 언어가 생기지 않겠는가.

폭포는 자멸이어야 한다. 높은 곳에서 낮은 곳으로 단순히 떨어짐이 아니다. 스스로 비상하는 버드나무 씨앗처럼 가벼워지도록 끊임없이 떨어져야 한다. 흐름은 인연의 줄을 끊고 스스로 자멸해야 한다. 한 번의 자멸로 흐름의 무게를 줄이기 어렵다. 끊임없이 자멸해야 한다. 자신의 무게 때문에 스스로 상처를 입지 않도록 가을의 낙엽같이 아름답게 자멸해야 한다. 빈 곳은 아무것도 없음이 아니라 없음의 있음이듯이, 자멸은 생명의 멈춤이 아니라 생각의 끊어짐이고, 새로움을 잉태하기 위한 떨어짐이다.

폭포는 깨어짐이어야 한다. 두려움을 안고는 보이지 않는 낭떠러지로 다가가기 쉽지 않다. 그렇다고 떨어짐을 피할 수 없다. 이왕 떨어질 바에 당당하게 떨어지리라. 벼랑 밑이 어둡고 보이지 않아 두려움이 일어나는 게 아니다. 자신의 낡은 옷을 벗지 못하기 때문이다. 자신을 믿고 떨어져 깨어져야 한다. 결과에 따라 행복해지고 불행해지지 않는다. 결과는 새로움의 다름이라는 것을 안다면 웃으면서 떨어질 수 있지 않겠는가. 부·명예·기쁨·슬픔-모든 것을 안고 어둠의 절벽으로 떨어져야 한다. 그냥 떨어지는 것이다. 바위에 부딪혀 사방으로 깨어지는 일갈은 고통의 신음이 아니라 산고의 환희다. 이것은 아픔을 승화시키는 인내의 과정이 아닐까.

폭포는 새로움이어야 한다. 폭포는 물의 흐름을 멈추는 게 아니라 변화시킨다. 떨어짐은 반복되지만 낡은 것이 아니다. 하나가 없어지면 다른 하나가 새롭게 생기듯이, 하늘의 끝에서 새로운 물이 끊임없이 솟구치면서 떨어진다. 시간과 공간도 함께 떨어진다. 떨어짐으로 인해 흐름은 뒤집히고, 시간과 공간이 소멸한다. 인간의 고통은 시간과 공간을 소유하는 만큼 생기는 게 아닌가. 떨어짐은 잠깐이고 다시 물이 모이고 넘치면 시간과 공간이 흐른다. 낡은 시간이 흘러가고 새로운 시간이 세상에 이어지도록 끝없이 떨어져야 할 텐데. 떨어짐은 끝이 아니라 새로운 시작이 아닐까.

폭포는 종소리이어야 한다. 댕그랑 댕그랑……푸른 종소리를 무수히 토해낸다. 인간의 목소리에 익숙해진 귀로는 푸른 소리를 보지 못하리라. 하지만 푸른 울림은 멈추지 않는다. 곧은길로 가는 청빈한 자의 희망을 저버릴 수 없기 때문이다. 닻이 바닥에 닿듯이 종소리가 폭포 웅덩이의 수면에 내려앉을 때, 사방은 침묵 속으로 빠져든다. 아무리 청아하고 바른 울림이라도 말을 하면 언어의 유희에 불과할 뿐이다. 오직 할 일은 댕그랑할 뿐이다. 끊임없이 댕그랑할 뿐이다.

폭포는 스스로 정화한다. 정화하기 위해 별다른 노력이 필요 없다. 그냥 떨어지면 저절로 정화된다. 자신이 정화되었음을 알려고 애쓰지 마라. 자유롭다고 느낀다면 자유를 지속하고픈 탐욕이 일어나는 것과 같다. 평화롭든 두렵든 모두 필연적으로 떨어지고 정화된다. 그냥 떨어져라. 무엇을 위해 떨어지는 게 아니라, 자신이 폭포임을 자각하면서 떨어져라. 그래야 절벽의 경계를 통하여 새로운 세계로 나아가는 길을 발견할 수 있을 게 아닌가.

넝쿨

강 저편 둑의 중간 지점에 뗏목이 하나 있다. 햇빛과 바람에 많이 낡았다. 누가 버렸는지. 누구를 기다리고 있는지. 뗏목의 생김새를 봐서는 판단하기 어렵다. 전 에는 강의 이편에서 저편으로 사람을 실어날았던 것으로 보이는데.

이파리와 나뭇가지를 가지런히 놓고 넝쿨로 묶어 만든, 그것을 사람들은 뗏목이라고 부른다. 크기는 두서너 명이 탈 정도다. 넝쿨로 야무지게 감아 튼튼하게 보였다. 나는 뗏목이라고 할 수도 없고, 뗏목이 아니라고 할 수도 없다. 나는 뗏목의 부분인 넝쿨이기 때문이다.

원래는 강 이편의 숲속에 있었다. 키 큰 나무들은 하늘 속으로 쭉쭉 뻗으며 자랐고, 작은 나무들은 그늘 속에서 안전하게 자랐다. 어느 날, 넝쿨이 오면서 숲속의 평화는 깨어졌다. 나는 모든 것을 감고 꼬는 능력이 있었다. 나무를 꼬며 나무가 죽는 경우가 있었다. 나무들은 나를 겁을 내어 곁에 오려고 하지 않았다. 심지어 자신도 감고 꼬아버릴 정도로 성질이 난폭했다.

숲속에서 그는 먹이사슬의 최강자 같았다. 그런데 자신이 숲속을 잘 다스리기에 숲이 평화롭다고 생각했다. 어느 날 젊은 굴참나무가 자신은 단단하고 힘이 세다고 나를 우습게 보았는지. 가지를 뻗어 햇살을 가렸다. 나는 화가 나서 굴참나무를 감고 꼬아버렸다. 그는 숨이 막혀 헉헉거렸고 진땀을 뻘뻘 흘리며 얼굴이 발개졌다. 그제야 눈치챈 것 같았다. 넝쿨만 없으면 평화로운데 나만 모른다.

하늘은 나무들에 가려 조그마하게 보였다. 하늘은 나에게 가까이 오려 하지 않았고, 늘 먼 거리를 유지한 채 고고하게 있었다. 그게 나의 성미를 자극하였다. 저 정도쯤이야, 내가 칭칭 감아버리면 질식시킬 수 있을 것만 같았다. 나무를 타고 올라갔다. 하늘이 얼마나 넓은지. 자기가 태어나서 본 것 중에 끝이 없는 것은 처음이었다.

지금까지 나는 나무를 괴롭혔고, 나무를 꼬아 죽이는 경우도 있었다. 그럴 땐, 사람들은 나의 허리를 싹둑 잘라버렸다. 그렇다고 기죽지 않았다. 자르면 자를수록 더 힘차게 뻗어 나갔다. 나중에는 사람들은 나의 아귀 같은 성질에 지쳤는지 근처에 오지도 안 했다. 나는 자신이 대단하다고 생각했었다. 그런데 나는 하늘을 보고 나서야 우물 안의 개구리 같다는 생각을 했다.

그 후, 나의 존재에 관해서 생각하기 시작했다. 나 혼자 잘나고 용기 있다고 했지만, 하늘을 보고 나니 그런 것도 아니었다. 나에게 도움을 요청하는 친구들은 한 명도 없었다. 내가 홀로라는 것을 깨달았다. 그제야 나는 외로움을 느꼈다.

　어느 날, 산발하고 신발도 신지 않는 수도자가 숲속에 왔다. 그는 숲속의 길을 며칠째 고요히 천천히 걸었다. 그러다가 늙은 느티나무 아래에서 식음을 전폐하고 몇 날 며칠을 명상하였다. 도대체 일어설 줄을 몰랐다. 어느 날, 새벽 밤하늘의 별똥별이 떨어지자, 떨어지기를 기다린 사람같이 일어섰다. 강을 건너가야 하는 사람같이 강으로 갔다. 그곳에는 강을 건널 배가 한 척도 없었다.

　강 저편은 모래와 짐승들의 똥으로 사람 살기가 적합하지 않은 척박한 땅이었다. 그렇다고 사람이 살지 않는 땅은 아니었다. 그곳에 사는 사람은 자기가 하고 싶은 것과 이익되는 것만 하려 하였다. 그렇지 않으면 화를 내었다. 모두 그렇게 생활하니 자연히 경쟁과 싸움이 끊어지지 않았다. 그곳에는 목구멍이 바늘만 하고 배는 태산만 하고, 늘 배고픔에 허덕이는 아귀 같은 사람이 살고 있었고, 생명의 귀중함을 모르는 짐승 같은 사람도 살고 있었다.

　고행한 목적은 모든 사람이 자유롭고 행복한 삶을 살기 위해서라는 것을 수도자는 깨달았다. 그러기 위해서는 서로 공존하는 삶을 살아야 하고, 남을 배려하고, 자신이 알고 있는 지식과 지혜를 그들과 공유해야 한다는 것도 깨달았다. 조금이라도 강 건너편 사람들에게 도움이 될 수 있기를 원했다. 강을 건너기로 했다.

　강을 건널 배가 없었으므로, 뗏목을 만들어야겠다는 생각을 하였다. 강 주위에 있는 각종 나무와 이파리를 모았다. 나무와 이파리를 묶을 끈이 필요했다. 끈은 넝쿨만큼 적당한 게 없었다. 얽히

고설키고 혼란스럽고 말썽만 지었던 내가 필요하다는 것이었다. 난 신이 났다. 휘파람 불며 열심히 뗏목을 만드는데 거들었다. 힘을 주어 아주 단단하게 감고 꼬았다. 감고 꼬는 것은 나의 특기가 아닌가.

난 처음으로 유용하게 쓰인 것 같았다. 절대적으로 나쁜 것은 없고, 상황에 따라 유용하게 사용될 수 있다는 것을 깨달았다. 이젠 이 수도자를 따라다닌다면 좀 더 나은 삶을 살 수 있을 것 같았다. 나는 강 이편에서 강 저편으로 건너갔다. 그런데 수도자는 나를 강에 올려만 놓고 짊어지고 가지 않았다. 난 화가 나기 시작했다. 수도자를 감고 꼬았다. 수도자에게 물었다.

"나는 강을 건너는 당신을 도와주었는데 왜 버리고 가느냐?"

수도자는 귀를 기울여서 명심해 듣기 바란다면 말했다.

"내가 배운 것, 심지어 명상에서 깨달은 것조차도 버리고 가야 하거늘. 그런데 내가 어떻게 당신을 짊어지고 갈 수 있겠느냐? 내가 할 일은 강 저편 사람들의 눈을 맑게 하는 데 도와주는 일이고, 당신이 할 일은 그 사람들이 이 강을 건널 때 긴너도록 도와주는 일이다. 당신을 버리려는 것은 아니다. 여기서 기다려라. 강을 건너려는 사람이 분명히 올 것이다."

숲속에서는 왕같이 마음대로 하였지만 행복하지 못하였다. 많은 동료가 있었지만 늘 외로웠다. 지금은 혼자이고 꼼짝도 하지 않고 기다린다. 그런데 그들이 올 것이라는 희망, 그것 하나만으로 기다림이 얼마나 행복한지.

가장 소중한 순간

전교에서 일 등 한다는 지인의 아들이 자살했다는 말을 들었다. 자식의 학교성적에 따라 부모의 즐거움과 괴로움이 오르락내리락한다. 마치 주식 투자하는 투자자들이 주가에 따라 울고 웃고 하는 것과 다름없다. 돈과 사람, 무엇이 소중할까.

모든 부모가 자식의 행복을 위해서 기도하고 행동하지 않는 부모가 어디 있겠는가. 하지만 부모는 정말 자식이 무엇을 가장 소중하게 생각하는지 생각해 보아야 한다. 학교 성적이 1등 하는 것인지, 부모와 함께 따뜻하게 살아가는 것인지 등등. 이런 생각 한다는 것 자체가 어리석은 짓이다. 대부분 부모가 함께 서로 사랑하며 살아간다는 전제 아래 학교 성적이 1등하기를 바란다. 그런데 자식보다 부모 자신이 욕심에 차 있으니 진정 소중함을 모를 수밖에 없다. 자식의 소중함은 자식을 있는 그대로 보는 것이다.

나는 예전에 부녀사원들을 교육시킨 적이 있었다. 그 때 그녀들에게 질문을 했다. "나에게 가장 소중한 것은 무엇인가?" 그들의 답은 자식, 남편, 집, 자동차 등이었다. 물론 그것이 틀린 것은 아니다. 그것보다 더 소중한 것이 있다고 했다. 한참을 생각하더니 '나'라고 한다. 그들도 나 자신이 소중하다는 것에 대해서는 부정하지 않았다. 대부분 사람은 조그만 깊이 생각하면 나 자신이 소중하다는 것을 깨닫는 것 같다.

한 걸음 더 나아가 나보다 더 소중한 것이 있다면 무엇일까? 그녀들은 답을 하지 못했다. 물론 나보다 더 소중한 것이 어디 있겠는가. 그러나 있다면 무엇이겠는가? 역시 그녀들은 답을 하지 못했다. 나는 살아있음이라고 생각한다. 지금-여기 순간 살아있다는 것이다. 어쩌면 살아있음이 나 자체이고, 내가 살아있음이라고 할지 모른다. 이렇게 우리는 자신이 당연히 살아있다는 전제 아래에서 소중한 것을 말한다. 명심할 것은 너무 당연시하기에 당연한 것의 소중함을 잊고 산다.

어느 날 TV에서 소아암으로 죽은 어린이 엄마는 "그놈 얼굴 잠깐만이라도 한 번 봤으면 소원이 없겠다."라는 말씀을 듣고, 난 갑자기 눈시울이 촉촉해졌다. 병에 걸리지 않았을 때, 그 어머니는 개구쟁이고 공부 못한다고 고함을 지르고, 매를 들었을 것이다. 그런 날들이 겨울의 햇살같이 소중하고 아름다운 날이었다는 것을 그때야 깨달았는지 모른다. 모두가 엄마의 욕심이었다는 것을, 살아있는 것만으로 소중하고 기쁨이라는 것을.

십여 년 전에 암으로 죽은 친구를 생각한다. 임종 이틀 전, 그의 손을 잡았다. 늘 그대로 따뜻했다. 너무 아파서 죽고 싶다고 했다. 그러면서 "우린 좋았다. 함께한 모든 날이 즐거웠다." 말하곤 피곤한 듯 누웠다. 난 눈물을 흘리지 않으려고 눈을 왕방울같이 크게 뜨고 힘을 꽉 주었다. 지금도 그때 그가 했던 말을 가슴에 품고 있지만 그의 따뜻함은 없다. 사랑은 함께 하는 것이라는 것을.

톨스토이가 평생 자신에게 다음과 같은 세 가지 질문을 하면서 살았다고 한다. "내 인생에서 가장 중요한 사람은 누구인가? 내 인생에서 가장 중요한 일은 무엇인가? 내 인생에서 가장 중요한 시간은 언제인가?"이다. 그 답은 '함께 하는 사람이고, 함께 하는 사람에게 행복을 주는 것이고, 지금'이라고 한다.

사랑은 오로지 함께 있는 것이다. 있을 때 잘해야 한다. 가장 소중한 것은 지금 앞에 있는 당신을 행복하게 해 주는 것이다. 과거와 미래는 존재하지 않는 것, 존재하지 않는 것을 행복하게 해 줄 수 없다. 오로지 현재 존재하는 당신을 ….

사회복지 단체에 간 일이 있다. 야위고 몸은 움직일 수 없고 말도 하지 못하고, 유모차에 누워 눈만 밤하늘 별같이 반짝이는 어린 왕자와 같은 맑은 애를 보았다. 세 살 정도 된 것 같았는데 열 살이라고 한다. 자기 손으로 밥을 먹지 못하고 요양관리사가 미음을 떠먹인다고 한다. 인간은 누구나 평등하게 자유롭고 행복할 권리가 있다고 하는데. 이 애의 자유와 행복은 무엇일까. 난 아기같은 그의 손을 잡았다. 따뜻하다. 손바닥을 간질여 주었다. 설핏 일어났다 사라지는 웃음을 보았다. 그의 눈은 여느 아기같이 천진난만한 맑은 눈이었다.

따뜻함 · 웃음 · 맑은 눈, 이것은 살아있다는 증거가 아닌가. 이것만으로 존재는 자유롭고 행복하지 않겠는가. 여기에 무엇이 더 필요하겠는가. 가장 소중한 것은 바로 지금 순간, 살아있는 순간, 함께 하는 순간이 아닐까.

물은 흐른다

구포에서 백양산으로 오른다. 거리는 짧지만 가파르다. 바위 전망대에 걸터앉았다. 물 한 모금 마시며 굽이치며 흐르는 낙동강에 눈 화살을 보낸다. 오후의 햇살을 가득 담은 강물은 푸른 눈같이 반짝인다.

헉헉거리며 불응령에 오른다. 산이 평지라면 힘들게 오를 이유가 없을 텐데. 오름의 고통을 보상이라도 하듯이 정상은 일망무제의 조망과 땀 흘린 후의 상쾌함을 기꺼이 내어준다. 정상은 비바람에 흙들이 씻겨 내려가고 바위만 거칠게 남았다. 풀도 없고, 바람만 휑하다. 마음 둘 곳 어디에도 없다. 그런데 난 높은 곳을 향해 오름을 멈추지 않는다.

몸은 낮은 곳에서 높은 곳으로 오르지만, 내 몸 안의 물은 높은 곳에서 낮은 곳으로 흐른다. 산은 나의 몸이고, 물은 나의 마음이다. 산을 품고 있는 물은 이슬같이 순수하고 맑다. 산이 흐르면 물도 흐른다. 물은 위에서 아래로 막이면 넘어가지 않고 에둘러 간다. 부딪히면 살며시 돌면서 쉬어가고, 부족하면 채우고, 모이면 다시 흐른다. 경사가 심하면 빨리 흐르고, 완만하면 느리게 나아간다. 서두르지 않고 끊임없이 이어진다. 생명을 유지하려는 인간의 호흡같이 자연스럽고 여유롭게 흐른다.

물은 흐른다. 높은 곳에서 낮은 곳으로 흐른다. 항상 자신은 높은 경지에 있으면서도 한순간도 자신을 낮추지 않는 적이 없다. 자신이 잘났다고 고집하지도 않고, 낮은 곳을 깔보지도 않는다. 비는 눈같이 평등하게 땅에 내리지만, 세상의 높이가 같지 않기 때문에, 어버이의 내리사랑같이 유연하고 부드럽게 대패질하듯 낮은 곳을 채운다. 의도적으로 하는 게 아니라 그게 그의 본성이다. 세상이 평등해지면 환골탈태라도 하는 듯 승화하여 하늘로 올라간다.

물은 바다로 향해 흘러간다. 하지만 바다가 무엇인지 알지도 못하면서 두려워한다. 두려움이 생기는 것은 바다가 끝이냐 아니냐, 흐름이 멈추느냐 않느냐는 사실에 있는 게 아니다. 바다가 끝이고, 그곳에서 흐름이 멈출 것이라는 생각에 있다. 만날 때와 헤어질 때, 기쁠 때와 슬플 때, 심지어 태어나고 죽는 순간에도 흘러간다. 찰나도 흐르지 않을 수 없다. 지금-여기 순간에만 존재하기 때문이다. 그런데 생각은 지금-여기 있지 않고, 과거로 역류하고 미래로 뛰어 넘고, 그곳에서 머문다. 멈추면 썩는다. 멈추는 것은 흐름이 아니라 생각이다. 멈추는 그곳에서 두려움이 생긴다.

세상에 막을 수 없는 것은 시간의 흐름이다. 사형을 기다리는 사형수, 출옥을 기다리는 죄인, 출산을 기다리는 임산부, 결혼을 기다리는 신부 등－누구나 강물 같이 흘러간다. 그 시간은 짧고 길게, 기쁘고 슬프게 느끼더라도 흐름의 법으로 보면 단지 찰나의 느낌이다. 그 순간이 두렵지 않은 사람 어디 있으랴. 그러나 바다를 흐름이 종점이라고 생각하는 나에 비하면 아무것도 아니다.

흐름을 막을 수 없듯이 살아 있는 이상 생각은 멈출 수 없다. 생각하면 할수록 흐름의 무게는 무거워지고 결국 무게에 눌려 자신은 속박당한다. 아무리 무거운 흐름이라도 생각만 하지 않는다면 자유롭게 흘러간다. 흐름 자체는 무게가 없기 때문이다. 즐거우면 웃고 슬프면 울고 그렇게 살아가면 되는데. 우리는 즐거운 느낌은 붙잡고 싫은 느낌은 없애려고 생각하기 때문에 얽매인다.

한순간도 멈추지 않고 변화하는 흐름, 그게 그의 본성이다. 흐름은 멈춤이 없기 때문에 어느 한순간도 흐름이 아닌 것이 없다. 흐름 자체가 참 나다. 그런데 우리는 무엇인가 잡으려는 삶을 살기에 그것에 속박되어 자신의 정체성을 잃고 자기만의 의미를 찾기 위해 역류하려고 한다. 물은 아무리 움켜쥐어도 주먹 쥔 손안의 모래같이 빠져나간다. 흐름의 진리를 안다면 바다가 끝이 아니라는 것을 알고 두려움에서 자유로울 수 있을 텐데.

생명은 멈춤이 아니라 흐름이다. 흐름은 잡을 수 없는 찰나의 변화라는 사실을 인식한다면 멈추지 않을 것이다. 우리는 멈추어도 생명의 흐름은 멈추지 않는다. 이런 흐름의 진리를 안다면 생사도 흐름 속에 있다는 것을 알 수 있을 텐데. 우리는 태어남과 죽음을 다른 명칭을 붙여 구분한다. 우리는 보이는 것만 보기 때문이다. 물은 만물을 살리기 위해서, 죽이기 위해서 있는 게 아니다. 그저 흘러갈 뿐이다.

모두 고향에 가기를 원한다. 앞만 보고 달려가는 물도 고향에 가기 위해서다. 물은 더 갈 데가 없는 낮은 바다에 이른다. 바다는 흐름의 끝도, 두려움의 대상도 아니다. 새로움을 잉태하기 위한 안식처다. 하늘이 바다에 내려와 수평선에서 한 몸이 되고, 바다는 다시 하늘로 올라간다. 하늘이 열리면서 바다는 푸른 산빛을 타고 내려와 산의 물이 되어 흐른다. 시작도 끝도 알 수 없는 오로지 흐름만이 있다.

물은 사라지더라도 흐름은 사라지지 않는다. 자신의 흐름을 알 때 자신의 존재와 삶의 본성을 알 수 있다. 그러면 속박의 굴레에서 벗어나 자유를 얻을 수 있을 것이다. 마치 타향에서 고향 가듯이.

밀물의 한가운데에서

묵은 바람의 끝이 가보지 않는 길로 나를 민다. 오늘도 이렇게 시레저수지 둑 그늘에 앉아 한 해의 결실을 내어주고 텅 빈 풍경이 된 벌판을 내려다보고 있다. 내 마음에 찬바람이 들어와 앉는데도 나를 보는 것처럼 살가운 것은 웬일일까. 텐트 집 바로 옆에서 무언가 태우고 있는 중년 아낙네의 여유로운 모습 때문인가.

김해 시레마을은 도로에서 승용차로 차 한 잔 식을 정도로 들어간다. 마을 끝을 지나 두서너 고갯마루를 넘으면 산자락에 매달린 듯 시레저수지의 둑이 보인다. 둑은 웅장하기보다 산을 안고 넘어질 듯 위태롭게 다가온다. 저녁이면 산그늘이 쉬어가는 바로 둑 밑에 외딴 텐트 집이 한 채 서 있다. 기둥과 뼈대는 쇠파이프고, 벽과 지붕은 국방색 비닐로 덮여 있다. 뜨거운 햇빛을 막기 위하여 외부는 엉성한 검은 차단막으로 둘러싸여 있다. 투명 비닐을 통하여 방의 가구와 소파가 드러난다. 더 감출 것이 없기 때문인가. 이젠 부끄러움도 놓아버렸는가. 견고하게 만든 것으로 보아 임시로 거처할 집은 아닌 것같이 보인다.

어째서 막다른 길까지 밀리어 왔을까. 낭떠러지에 걸려 흐름을 멈춘 부러진 나뭇등걸처럼 더 갈 수 없는 곳이다. 어디서 어떻게 왔는지 모르지만 스스로 온 것 같지 않다. 초라한 텐트 집 때문인가. 깔끔하게 지은 전원주택이라면 어떻게 생각했을까. 잊고 싶은 지나간 아픈 추억을 태우는지. 아니면 찬란했던 그 시절을 연기 속에서 그리는지. 어쨌든 혼자서 연기를 마시며 태우는 모습은 구름만큼 여유롭게 보인다. 의지와 관계없이 밀리어 왔더라도 아낙네의 마음도 구름 같았으면 좋겠다. 이왕 여기에 와 있지 않은가.

노인복지회관에서 자장면을 무료로 배식하는 날이다. 그들은 자장면 한 그릇을 먹기 위하여 십 리를 걸어서 온다고 한다. 스스로 오는 것일까. 무언가에 밀려서 오는 것은 아닐까. 배가 고파 자장면을 먹기 위해 오는 것만은 아닐 것이다. 무관심과 소외에 떠밀려 가시방석 같은 그곳에서 일어서지 않을 수 없었을 것이다. 자장면이 아니라 외로움과 사랑을 먹기 위해서 오는 것은 아닐까. 하지만 먼 바다의 부표가 땅 끝으로 밀려가듯이 다시 가시방석 같은 그곳으로 자박자박 걸어가야 한다. 그곳에 자신의 삶이 있기 때문이다.

문을 밀어서 열려고 한다. 하지만 은행 문같이 당겨야 열린다. 밖으로 나가기보다 안으로 들어가기가 쉽다. 어느 수필집에서 자신도 모르게 자폐아 아들을 밖에서 안으로 안으로만 밀어 넣고 한없이 울었다는 글을 본 적이 있다. 그는 아이만 밀어 넣은 게 아니다. 자신도 함께 밀어 넣었다. 기다림의 희망마저 밀어 넣었던 것이다. 그래서 울었을까. 그들이 필요한 것은 일상의 햇살과 공기뿐인데. 그냥 놓아두면 되는데……그래서 울었을까. 왜 그들은 밀폐된 공간으로 밀리어 가야만 할까. 그곳에도 햇살이 들어올 창문은 있겠지.

실직자·노약자·장애인만 밀리는 게 아니다. 외형적으로 성공한 사람, 유명한 배우·사업가·정치인도 밀린다. 그들의 가슴은 구멍이 숭숭한 허공과 같다. 보이는 것은 아귀같이 끊임없이 채우지만 빈 가슴은 채울 수 없다. 오히려 허기만 더 할 뿐이다. 그들의 밀림은 밀리는 게 아니라 끌어당기고 있는 역류이다. 채우면 채울수록 진흙 수렁 같은 허공만 더 할 뿐이다. 덫에 걸린 들짐승처럼 몸부림치지만 역부족이다. 스스로 만든 허무의 올가미에 목을 매달 수밖에 없었는지 모른다. 당김을 멈추면 정상의 시원한 바람을 느낄 수 있을 텐데.

그들만 밀리는 게 아니다. 하늘 끝과 맞닿은 수평선 너머에서 어찌할 수 없는 물결에 밀려온 부표들이 있다. 자의든 타의든 밀리더라도 갈 곳이 있다면 차라리 다행이다. 밀려도 방파제에 막혀 더 갈 수 없는 경우가 있다. 뒤에선 밀리고 앞에선 막히고, 사면초가 되어 틈새에서 방황하는 이들이 있다. 파도에 밀려온 부표처럼 방파제의 구석진 곳에서 끊임없이 냉혹한 파도를 맞는다. 차라리 모든 것을 놓고 김삿갓처럼 방랑자라도 되었으면 좋으련만. 그렇게 하지도 못한다. 가족이 있고 사랑하는 사람들이 바로 여기에 있기 때문이다.

　아우성 같은 물결에도 귀도 입도 열 수 없다. 방파제처럼 돌아누워 끝없이 치는 파도를 눈을 감고, 입을 다물고 등짝으로 막을 뿐이다. 마치 살아 있음을 증명하는 것처럼…. 어둠과 침묵으로 외로움은 깊어만 가고, 방파제에 부딪혀 보지만 아픈 상처만 더할 뿐이다. 여기까지 밀려와 누구를 원망하겠는가. 반짝이는 먼 별이 보인다. 빛이 너무 희미해서 빛은 여기까지 올 것 같지 않다. 밀물은 아랑곳하지 않고 땅끝을 때린다. 막다른 길까지 가지 않아야 하는데.

　밀물도 놓았다. 썰물도 놓았다. 죽음도 욕심인지 모른다. 마냥 밀려오는 파도를 웅크린 고슴도치같이 칼날을 세우고 막고 있을 뿐이다. 그것이 유일한 기다림인 것처럼. 먼 별빛은 어둠 속 깊이 돌아앉은 놈을 품으면서 말한다. 피할 수 없는 당신만의 밀물이라고…. 그렇다면, 이젠 등짝으로 파도를 막지 않으리라. 칼날을 거두고 비록 숭숭한 빈 가슴이더라도 당당하게 부딪히리라. 무섭고 부서지더라도 두 눈을 똑바로 세우고 파도를 놓지 않으리라. 밀물도 나의 삶이 아닌가. 밀리더라도 슬픔을 품고 가리라.

　밀물은 내 의지와 관계없이 온다. 밀물은 홀로 생기는 게 아니다. 자유를 향해 밀고 당기는 몸부림의 씨앗이다. 밀물은 고통과 기다림뿐만 아니라, 바다의 모든 기운을 품고 온다. 밀물이라고 슬퍼하지 않겠다. 밀리더라도 한없이 밀리더라도 언젠가 멈출 것이고, 멈추면 썰물이 되어 되돌아갈 수 있기 때문이다. 그렇다고 썰물이 따로 오는 게 아니다. 거기선 밀물이지만 여기선 썰물이다. 한 생각 바꾸면 밀물이 곧 썰물이 아닌가. 그렇다. 미래는 알 수 없는 것, 행복은 기다리는 게 아니라, 밀물의 한가운데에서 벌떡 일어서야 하는 것.

더 갈 데가 없는 산자락까지 밀리더라도 그곳엔 가족이 있다. 무엇이 더 필요하겠는가. 임시로 만든 텐트 집이든 호화 전원주택이든 행복은 빈부귀천을 따지지 않는다. 도로에서 도시에서 멀리 떨어져 있다고 행복도 멀어지겠는가. 가위에 눌린 꿈의 잔상이 아직 남아 있더라도 그곳에서 뿌리를 내렸으면 좋겠다.

일상과 무상

　무상하니 살맛이 나지 10년이나 60년이나 별다른 삶의 변화가 없다면 얼마나 권태롭고 고통스럽겠는가. 만약에 죽지 않는다면 행복할까. 그런 생명이 소중할까. 이 글을 읽는 지금이 중요한 이유도 두 번 다시 이 시간이 오지 않기 때문이 아닐까. 무상하기에 생명도 모든 것도 소중하지 않을까. 소중하지 않은 인생은 행복할 수 없을 것이다.
　지나간 세월을 생각하면 금방인 것 같지만, 다시 바둑같이 복귀해보면 얼마나 까다롭고 긴지 모른다. 지난 10년간을 생각해보면 너무나 짧고 이룬 것은 없고 허무하게 느껴질지 모른다. 그것뿐만 아니라 20년이나 60년도 지난 세월을 곰곰이 생각해보면 '무상하다, 허무하다'를 연방 내뱉지 않을 수 없을 정도로 세월이 짧고 해놓은 것이 하나도 없다는 느낌의 일어남을 부정하기 어렵다.
　그래 지나간 시간은 1년이든 100년이든 잠깐이다. 백수白壽에 돌아가신 할머니가 계셨다. 어느 날 할머니에게 지난 세월을 어떻게 생각하는지 궁금해서 질문을 던졌다. "할매, 지나간 옛날을 생각하면 어때요." 한참 눈을 감고 생각하더니, "몰라. 잠깐 같은데. 엊그제 같은데."라고 말씀하셨다.

하루는 길지만 100년도 찰나 순간과 같다. 실제로 나의 지나간 70년 삶을 생각해봐도 마찬가지라는 생각이 든다. 해놓은 것은 하나도 없는 것 같은 기분이 들고, 괜히 조급증이 일어나고, 세월이 너무 무상한 것 같고 우울해진다. 왜 그럴까. 작가 되었으면 되었지 이제 더 무엇을 바란다는 말인가. 현재 건강하게 글을 쓰고, 등산하면 되었지 더 무엇을 바란다는 말인가. 나이가 들면 들수록 비워야 하는데, 특별한 삶을 바라고 특별한 것을 이루려고 탐욕을 부린다.

곰곰이 생각해본다. 지나간 삶이 무상하게 느껴지는 것은, 그것을 구체적으로 아는 게 아니라 개연적으로 알아 변화의 흐름을 느끼지 못하기 때문이고, 그것은 실제의 시간이 아니라 머릿속에 있는 시간이기 때문이다. 그건 죽은 시간이다. 하지만 현재의 1시간은 얼마나 긴지 아는가? 눈을 감고 허리를 곧추세우고 앉아서 명상을 해봐라. 1시간이 얼마나 긴지 안다. 그 시간 동안 세상의 모든 문제를 만들고 해결하는 반복을 수없이 하고, 왕궁을 몇 채나 짓고 부수고 하는지 모른다. 이게 살아 있는 시간이다.

지나간 삶을 생각해보면 우리는 중요한 것, 특이한 것, 드라마틱한 것은 기억하기에 긴 시간같이 느끼고, 사소한 것, 일상적인 것은 기억하지 못하기에 무상하게 느끼는지 모른다. 그런데 실제로 살아보면 특이한 사건은 순간이고, 일상적인 것이 대부분이다.

특이한 것도 곧 일상이 되고, 그렇게 원하는 일탈의 자유스러운 느낌도 순간이고, 곧 일상이 된다. 그만큼 우리 삶은 일상의 연속이다. 우리에게 정말 소중한 것은 기억에 남는 특이한 것이 아니라, 기억하지 못하는 사소한 것, 일상적인 것이 아닐까. 만약에 방송 드라마 같은 드라마틱한 삶을 산다면 과연 행복할까.

산행을 해보면, 들머리에서 정상으로 올라온 길을 생각하면 얼마 되지 않는 것 같은데. 다시 원점으로 회귀하는 하산을 해보면 지나온 길이 얼마나 길고 새롭고 아름다운지 놀랜다. 또한 급경사 오르막, 험한 너덜겅 길을 제법 오랫동안 올랐음에 스스로 대단함을 느낀다. 더군다나 정상으로 가는 길을 잘못 들어 올바른 길을 찾기 위해, 온 길을 되돌아가면 그 시간이 얼마나 길고 힘든지 모른다.

삶도 그와 같지 않을까. 지나간 삶을 생각하지 말고, 뒤돌아보지 말라고 한다. 허무하고 무상할지 모르고 우울증에 빠질 수 있기 때문이다. 그래도 우리는 뒤를 돌아보는 습관 때문에 자동으로 10년 또는 60년 뒤를 돌아다보면서 무상과 허무를 느낀다. '아름다운 시간'은 다 갔고 이제 얼마 남지 않았다고 생각한다. 실제로 1시간은 얼마나 긴지 아는가? 빛은 지구를 1시간에 27,000바퀴 돈다고 한다.

아름다운 시간이 얼마 남지 않았다는 것이 아니라, 현재 가진 시간을 아름답게 가꾸어야 한다. 젊은 사람은 나이 든 사람 같은 노년의 여유롭고 풍성한 시간을 가질 수 있을지 없을지 누가 알겠는가. 나는 이미 가졌지 않은가. 대부분의 무상한 시간과 기억하지 못하는 일상, 그곳에 행복이 있지 않았을까. 단지 우리가 느끼지 못할 뿐이다. 이제 그런 일상과 무상의 소중함을 안다면 우리의 삶이 허무할 리 없다. 일부분이 아니라 대부분 시간이 행복으로 꽉 찰 수 있다.

2020년 3월 신문에 기재된 코로나 전사 대구 간호사 김미래의 말씀을 옮겨본다. "병동에 있을 때 간호사들에게 지금 뭐가 제일 생각나는지 물어봤어요. 엄마가 끓여준 된장찌개, 친구와 마시는 맥주 한 잔, 봄나들이…, 모아 보니 우리가 잃어버린 일상의 풍경이었요."

지하철의 개미들

주먹만 한 허리는 접히고, 얼굴은 그을리고 주름진 그는 고등어 한 마리를 들고 있다. 가족이 있는 모양이다. 네온사인 번쩍이는 지상을 버리고 자기의 집 같은 땅 밑으로 들어간다. 개미들은 일렬로 줄지어 지하로 내려간다. 사람들이 있는 화려한 곳을 버리고 지하철을 탄다.

동그란 손잡이 고리를 붙잡고, 한 잔 먹은 듯 흔들흔들 매달려 있다. 고개를 숙이고 취한 듯 지친 듯 허리를 똑바로 펴지 못한다. 사람들은 다이어트를 한다고 먹는 것을 줄이고 운동을 한다. 개미들은 줄일 음식도 없고 노동을 한다. 그게 운동일까. 일상생활 자체가 다이어트일까. 사람들의 다이어트와 개미들의 일상생활은 유사할지 모르지만, 서로 느끼는 감정은 다를 것이다.

길이 움직인다. 움직이는 길은 길이 아니라고, 개미들은 위험하고 힘든 계단을 하나씩 하나씩 철저히 밟고 내려간다, 한 계단도 뛰어넘는 경우가 없다. 오를 때도 마찬가지로 한 계단도 지나치지 않고 힘겹게 오른다. 누가 도와주는 이 없이 스스로의 힘으로 올라가야 하고 내려가야 한다. 다리가 휘청거리는 것이 또렷하게 보인다. 스스로 움직이지 않고는 밥을 먹은 적이 없다. 그렇게 알고 그렇게 살아왔다.

사람들은 에스컬레이터를 탄다. 다이어트를 하기 위해 운동한다고 하면서 움직이는 길을 탄다. 돈을 드리지 않으면 운동도 하지 않는 모양이다. 돈과 관계없으면 움직이지 않는 것이 사람인지 모르겠다. 에스컬레이터 위에서 가만히 있지를 못한다. 어떤 사람은 휴대폰을 보고, 누구는 움직이는 길에서도 걸어서 앞으로 나아간다. 그것도 다른 사람을 건너 넘어서 간다. 그 너머에 무엇이 있는지 알까.

하긴 사람들만큼 바쁜 이들을 본 적이 없다. 개미들도 부지런하기로 2등이라면 섭섭하다고 하지만, 사람들에게는 못 당한다. 땅속에도 움직이는 길이 있고, 지상에도 움직이는 길이 있고, 하늘에도 움직이는 길이 있다. 길만 타면 가만히 앉아서 어딘지 재빠르게 간다. 또한 가만히 앉아 있지 못한다. 손바닥만 한 머리를 얼마나 굴리는지 쉴 때가 없다. 아마 머릿속에 수많은 길이 있어 어디로 갈지 몰라 방황하기 일쑤일 것이고, 마음이 산만하기 그지없을 것이다. 올바른 길은 가지 않더라도 잘못된 길만 가지 않으면 천만다행이다.

그들은 사람들에게 없는 더듬이로 세상을 본다. 술을 많이 마시고 집으로 돌아간 적이 있었다. 지쳐 전봇대에 기대어 가마니같이 쓰러져 있었는데 아내가 알고 용케 찾아 왔다. 그건 더듬이

덕분이다. 더듬이는 가족과 삶의 소통을 위해서 있다. 단절되어 있지 않기에 텔레파시가 통하듯이 멀리서도 서로의 안부을 안다. 가족이 있어 행복하다.

 사람들은 휴대폰을 가지고 있다. 가족의 안부보다 불륜의 현장을 잡히지 않기 위해 비밀번호까지 입력하여 아무도 접근하지 못하도록 자기만의 왕국을 만든다. 사람들은 자기의 왕국은 있지만 가족은 없다. 자기만 있다. 그래서 밥을 가족과 함께 잘 먹지 않는다. 사람들은 혼밥, 혼술을 즐긴다. 개미들은 함께 밥을 먹고 함께 놀고 함께 잠을 잔다.

 고등어가 웃고 있다. 비린내가 지하철 안을 가득 채운다. 비린내라고 같은 비린내가 아니다. 그것에는 윤슬과 갯바람의 노래와 태양을 품은 수평선의 여유로움…. 구우면 침이 고일 수 있는 바다의 향기를 품은 비린내다. 그가 웃는 것은 나를 맛있게 먹을 그들의 행복한 가족을 생각하니 저절로 즐거워서다.

 인간은 못 먹는 것이 없을 정도로 다 먹는다. 그것도 온갖 요리를 해서 먹고, 있는 그대로 먹지 않는다. 다른 생명체들은 함부로 대하지만 자기들의 생명은 살갑게 아낀다. 다른 생명체들은 먹기 위하여 죽이고 살기 위하여 죽이지만, 인간들은 재미로 죽이고 축적하기 위하여 죽인다. 그들은 도저히 인간들의 살생 심리를 이해하지 못한다. 더군다나 '묻지마 살인'이 있다는 것도.

 개미들은 이런 사람들 속에 살려고, 세상을 잔뜩 마시고 배에 가득 채우고 힘차게 다가가려고 무지하게 애쓴다. 다가가면 갈수록 강물을 역류하는 것처럼 멀어져 간다. 게슴츠레한 눈으로 세상을 보지 않고는 강물을 거슬러 올라갈 수 없다. 푸른 눈을 가진 개미들은 거슬러 오름을 그만두었다. 여러 가지 이유가 있지만, 가장 큰 것은 가족들과 연결된 더듬이가 끊임없이 삐삐거리며 위험 신호를 보내기 때문이다.

그들은 인간 세상의 소용돌이에 휘말려 갈 길을 잃고 헤매는 패자 같다. 그러나 그들은 승자와 패자의 차이를 경쟁에서 이기는 것이 아니라 돌아갈 곳이 있는지 없는지에 둔다. 화려하고 좋은 집에 사는 것이 아니라, 가족과 함께 따뜻한 밥을 먹지 못하는 떠돌이를 패자라고 본다. 그들은 비록 패장의 몰골이지만 돌아갈 집과 가족이 있는 승자와 같다.

구로사와 아키라 감독의 영화 '7인의 사무라이'에서 용병 7인의 사무라이는 농민들을 위해 수많은 도적 떼를 물리친다. 한 사무라이가 우리가 이겼다고 말하자. 대장 사무라이는 '이긴 것은 우리가 아니라 저 농사짓는 농민이다.'라고 말한다.

3부

산

산행山行

산에 가는 이유는 각자 다르다. 영국의 등산가 멜로리 경은 '산이 있기에 간다'는 유명한 말을 남겼다. 내가 산에 가는 이유는 무엇인가? 한마디로 말하면, 몸과 마음의 근육을 키우기 위해서다. 삶에서 이것만큼 중요한 일이 또 있을까.

산행하면 하체가 단단해지고, 심폐 기능이 강화되고, 몸의 균형 감각이라든지 전체적으로 튼튼해진다. 몸의 근육이 키워지면 감기에 덜 걸리고, 일상생활의 활동이 활기차고, 매사에 적극적으로 된다. 마음의 근육을 키운다는 것은 무슨 뜻인가? 마음의 근육이 약한 사람은 대상에 쉽게 자동 반응하고 동요하고, 스스로 조절이 잘 안 된다. 예를 들면, 쉽게 화를 내고, 망상에 집착하고, 스트레스를 받고, 우울증에 걸리기 쉽다. 마음의 근육이 강해지면 회복탄력성이 강화되기 때문에 원상회복이 빠르고, 어떤 것에도 덜 얽매이고 자유로울 수 있다. 어쩌면 산행은 자유를 향한 일탈인지 모른다.

근육은 여러 가지다. 가수는 노래하는 근육, 화가는 그림 그리는 근육, 마라토너는 마라톤 하는 근육, 등산가는 등산하는 근육, 명상가는 명상하는 근육 등 어떤 것에도 근육이 있다. 각자의 근육을 키워야 전문가가 될 수 있다. 산에 갔을 때 발은 산길을 가지만 마음은 회색빛 도시에서 방황하는 경우가 있다. 그 이유는 산행의 근육을 키우지 못해 마음이 자기 마음대로 움직이기 때문이다. 삶도 마찬가지다. 삶의 근육을 키우지 못하면 욕망에 덮여 세상을 똑바로 보지 못하고 욕망 따라 자동으로 움직인다. 그래도 산행을 하면 마음의 근육이 키워지고, 욕망을 조금이나마 버릴 수 있고, 마음은 맑아지고, 수동으로 조절이 가능하다.

산이 부른다. 산행은 무엇을 향해서도, 무엇을 위해서도, 산란한 마음을 멈추기 위해서도 아니다. 단지 걷기 위해서 길을 간다. 길 중에서 산길이 마음의 근육을 키우고, 자동 마음을 멈추기에 가장 좋다. 뚜벅뚜벅 발걸음만 의식한다. 오른발 왼발 걸음걸음마다 알아차린다. 걷는 것에 집중하면 어느새 생각은 끊어지고 고요와 안정이 스며든다. 시간의 흐름도 걷는 고통도 버려진다. 비워짐의 가벼움을 잊지 않는 한 걷는 행복을 포기하는 것은 쉽지 않다.

수년 전에 사업을 시작하려고 투자했는데 사기를 당한 적이 있다. 잃어버린 돈과 사기를 당한 억울함에 생각은 끊임없이 이어지고, 밤잠을 설치는 괴로움을 당한 적이 있다. 생각의 이어짐으로 인한 고통을 끊을 수가 없었다. 산에 갔다. 초읍 성지곡 수원지에서 만남의 광장을 거쳐 불웅령으로 올라갔다. 이 길은 가파른 오르막의 연속이다. 발은 고통스럽게 한 발 한 발 내디디며 오르고, 숨은 턱 밑까지 찬다. 오르다 보면 어느새 생각은 끊어지고 오직 오름뿐이다. 걷는 것만으로 생각은 끊어지고 마음이 편안해질 수 있다는 것을 알았다.

배낭에서 도시락을 끄집어낸다. 밥과 김치 두 가지뿐이다. 그래도 허기진 배를 채우기에는 적당하다. 산행할 때는 밥을 많이 먹지 않는다. 행동식이라고 부른다. 배가 부르면 걷기가 여간 불편한 게 아니다. 공부할 때 배부르면 잠이 오는 것과 같다. 무언가 열심히 하기 위해선 배가 부르는 것보다 비어있는 것이 효율적일 수 있다. 산행은 걷는 것이 주목적이기에 다른 것은 모두 짐이다. 아무리 산해진미라도 산행 시에는 짐이 될 뿐이다. 걷는데 불필요한 것은 모두 짐이 될 뿐이다.

'토고'라는 영화가 있다. 1925년경 알래스카 눈썰매의 대장견 12살이나 된 늙은 토고는, 전염병에 죽어가는 어린애들의 치료제를 운반하기 위해서 1,000km 되는 이상기후인 눈보라 폭풍 속을 달린 실화다. 잎이 보이지 않는 눈보라 속을 오직 달리고 달린나. 영화를 보는 내내 나는 힘들지 않을까 안타까움이 일어났다. 그러나 그는 치료제를 운반하기 위해서도 아니고, 주인의 말을 잘 듣기 위해서도 아니고, 오직 달린다. 목숨을 걸지만 목숨을 건다는 생각조차 없이 달린다. 그게 그의 삶이다. 달림을 멈춘 토고는 스토브 옆에 누워 따뜻한 불빛을 품으면서 눈을 감는다. 산행도 인생도 그와 같지 않을까.

아무리 작은 봉우리라도 정상이라고 이름이 붙여지면 정상의 위엄을 살리기라도 하듯이 된비알이 있다. 마음은 절벽을 만난 것처럼 긴장한다. 한참 오르다 보면 다리는 힘에 겨워 내 다리가 아니다. 걷기와 멈춤을 반복하고, 그저 헉헉거리는 숨소리만 들릴 뿐이다. 발걸음도, 마음도, 숨소리도 사라진다. 시간도 공간도 사라진다. 그저 오름뿐이다. 고개를 한없이 숙이고 순례하는 마음같이 오른다. 하늘이 보일 때쯤 되면 눈이 환해지고, 마음도 환해진다. 내가 다시 태어남을 느낀다.

목표는 끊임없이 변하기 때문에 정상은 가상으로 설정한 지점이지, 의미가 있는 것은 아니다. 산행의 목적은 오직 걷는 것이기에 정상의 도착은 산행의 끝이 아니라 과정의 부분일 뿐이다. 정상을 포기한다고 해도 산행에 의미가 없는 것은 아니다. 아름다움은 정상에만 있는 것이 아니라 곳곳에 있기 때문이다.

정상의 참맛을 아는 방법은 도움을 받든 안 받든 스스로 오르막을 올라야 한다. 한 발자국도 건너뛰어 넘어갈 수 없다. 헬리콥터를 타고 올라갈 수 있지만 정상의 맛은 느끼지 못한다. 고뇌의 땀을 흘리지 않고는 참맛을 모른다. 정상에 올라간 사람은 정상에서 살 수 있는 것처럼 살려고 몸부림치지만, 스쳐가는 바람같이 내려와야 한다. 정상을 자신의 보금자리인 양 붙들고 있는 사람은 정상의 참맛을 모르는 어리석은 사람이다.

누구라도 인생의 길에는 정상이 없는 사람은 없고, 오름과 내림이 없는 사람은 없다. 정상의 이름이 다를 뿐이다. 정상이 많은 과정 중의 하나라면 최종 목적지는 어디일까. 원점으로 다시 돌아오는 것이다. 산을 품고 내려는 오는 것이다. 정상을 품고 현재의 삶으로 되돌아오는 것이다. 산은 끊어지지 않는 대지의 흐름이고, 산행은 그저 길을 갈뿐이다.

비음산 우중산행

땅을 파도 메마른 회색 흙과 돌뿐이다. 생명의 씨앗은 전혀 보이지 않는다. 그런데 비가 내리면 새의 혓바닥 같은 초록색 새순이 대지를 뚫고 나온다. 생명은 어디서 오는 것일까. 비를 타고 하늘에서 내려오는 것일까. 아니면 비가 생명인가, 햇빛이 생명인가. 아니면 메마른 회색 죽음 속에 새로운 삶이 깃들여 있는가.

빗줄기가 땅으로 줄기차게 빗발을 뿌리고, 나무에서 떨어진 작은 물방울들이 수면에 잔물결을 일으킨다. 안개는 잠시도 가만히 있지 않는다. 산을 보여 주었다가 숨겼다가 자유롭다. 기척 없이 와서 나를 감싸고 소리 없는 발걸음으로 사라진다. 안개는 거미줄처럼 산을 덮고, 능선과 능선 사이에서 한겨울의 호흡 같은 입김이 아름답게 피어난다.

창원 쪽의 안개는 소란스럽고 활기가 넘치지만, 김해 쪽은 메마른 정적이 감돌 듯 맑다. 우윳빛 안개를 헤치며 능선으로 나아간다. 다가서면 사라지는 게 사랑의 줄다리 같다. 황갈색 띤 메마른 억새는 비에도 풀이 죽지 않고 꿋꿋하다. 안개 속에 핀 분홍빛

진달래꽃, 꽃단장한 하얀 얼굴의 시집가는 부끄러운 새색시같이 아름답다.

무리 지어 핀 것보다 홀로 핀 진달래가 더욱 정답게 다가오는 것은 무엇 때문일까. 외로움을 사랑하기 때문일까. 초록색과 어울림이 더 아름답기 때문일까. 비 오고 안개가 자욱한 산에서 진달래꽃과 함께 하는 것은 마치 첫사랑의 여인을 우연히 만난 듯 가슴이 아찔하다. 비가 온다고 산이 다른 곳으로 가는 것도 아니고, 마음이 변한 것도 아닌데, 기어이 산에 오는 것은…. 비를 머금은 산 빛은 새롭다.

우중에 그것도 억수로 오는 비속에 산에 간다고 미쳤다고 한다. 산행의 멋을 모르는 이의 안타까움일 뿐이다. 음식에 대한 입맛이 모두 다르듯이 산행의 맛도 조건에 따라 다르다. 안개 속에 감출 듯이 보이는 산 모습은 보이지 않는 속살을 보는 듯한 오묘한 맛을 준다. 보이지 않는 길에 산안개가 발끝에서 일어나 놀라 달아난다.

성석의 산이 비로 생명의 활동을 시작한다. 생명의 기운은 멈춤이 아니다. 움직임이다. 비가 오면 산은 보이는 않는 곳에서 보이지 않는 것들이 활발하게 움직인다. 눈은 안개를 보고, 마음은 보이지 않는 곳을 본다. 비 오는 날은 돌도 생명을 머금고 웃는다.

도시에는 회색 비가 내린다. 건물은 더 우중충해진다. 어둠의 거리를 먹물로 만든다. 네온사인이 화려하게 비추지만, 비는 유치할 정도로 단순하게 회색 칠을 하고, 도시는 생명의 빛을 잃어간다. 비의 근원은 파란 하늘이지만, 도시에서는 하늘마저 사라지고 없다. 그래서 도시의 비는 회색 비다.

산에는 초록 비가 내린다. 꽃은 아름답지만 빈껍데기다. 비가 오면 꽃은 떨어지고, 메마른 가지에 새의 혓바닥 같은 새순이 조잘거린다. 그것은 탄생의 아우성이다. 그래서 산의 비는 초록 비다.

땅은 기쁨의 씨앗, 슬픔의 씨앗, 어리석음의 씨앗뿐만 아니라, 모든 씨앗을 품고 있다. 물만 있으면 싹을 틔운다. 밟거나 말거나 올라오는 여리고 여린 새싹이지만 누가 감히 여리고 작다고 말할까. 단단한 대지를 뚫고 올라오는 보이지 않는 생명의 뿌리가 있다는 것을 알까. 그것을 알면 여리다고 하지 못한다. 어떤 생명이든지 여린 생명은 하나도 없다.

물은 생명이다. 그 자체가 아름다움이다. 물이 다른 것과 어울릴 때 진실로 아름다움이 빛난다. 물이 없는 계곡, 물이 없는 호수를 상상할 수 있겠는가. 눈물 없는 메마른 사랑을 상상할 수 있겠는가. 고개를 흔들며 상상을 거부할 것이다. 비는 살아있음의 원천이고, 살아 있다는 것 자체가 아름다움이다. 살아있음이 최고의 보물이다.

오늘 비는 종일 우리와 함께하고 뒤풀이도 함께 했다. 우정은 비의 깊이만큼 포개어진다. 비가 오면 산꾼은 그저 산처럼 하면 된다. 산은 비에 온몸을 내맡길 따름이다. 부드러운 봄비가 땅속 깊이 스며든다. 잠자고 있던 영혼의 씨앗이 웃음꽃을 피운다.

고산증

삶에 즐거움과 괴로움이 있듯이 고산에는 순수한 맑음, 별빛 같은 야생화와 고산증이 있다. 삶 자체가 고통이 아니듯이 고산 자체도 고통이 아니다. 삶에 고통이 있듯이 고산에 고산증이 있을 뿐이다. 고산증은 병이 아니라 산소가 부족한 고산에 적응하지 못해 일어나는 증세다. 고산증을 알아야 하는 이유는 정상에 가기 위해서는 반드시 겪어야 할 과정이기 때문이다.

하얀 산의 외경과 아름다움, 깊고 맑은 계곡, 넓고 푸른 초원은 우리의 마음을 맑게 하지만, 정상으로 가는 우리의 마음은 들뜸과 욕심으로 오염되어 있다. 이런 산란한 마음은 고산에 적응하기 어렵기에 고산증에 걸릴 가능성이 높다. 적응하기 위해서는 산란한 마음이 안정될 때까지 며칠이고 기다려야 한다.

고산에 적응할 시간 동안 머리가 띵한 것은 정상이다. 고산에 있기 위해서 거쳐야 할 신고식이고 거부할 수 없다. 고산 때문에 고통을 받는다고 불만을 토하는 것은 어리석은 짓이다. 원인은 반드시 고산에만 있지 않다. 누구나 고산증에 걸리는 것은 아니기 때문이다. 미리 체력을 단련하고 준비를 해 온 사람은 덜하다. 무엇보다 고산증을 받아들이는 마음이 필요하다. 먼저 안정과 휴식을 취하고 정상으로 달려가는 마음을 멈추어야 하고, 현재 고산에 있다는 것을 잊지 않고 평지에서 하는 습관적인 행동을 하지 않는 것이 좋다. 그러면 고산이 일상이 되고 정상에 갈 수 있는 여유가 생긴다.

고산에 가는 이유는 자신이 만든 정상에 오르기 위해서다. 고산 산행은 고통의 연속이며 정상으로 갈수록 고통이 증가한다. 그런데 정상에 가면 인증샷 사진만 찍고 바로 내려온다. 성공이 삶의 부분이고 끝이 아니듯이 정상도 고산의 한 부분이고 길의 끝은 아니다. 어쩌면 내려오기 위해서 올라가는지 모른다. 그런데도 우리는 정상의 오름을 멈추지 않는다.

정상에 가려는 의욕은 인간을 발전시키고 성취하면 만족하고 기쁘다. 그러나 그것만큼 인간은 행복하지 않다. 정상의 오름만이 행복이 아니라는 것을 알면서도 정상에 오름을 버리지 못하는 것은, 고통의 원인을 없애기보다 즐거움을 추구하는 삶을 살아왔기 때문이다.

고산증에 걸리는 이유는 욕망이 있기 때문이다. 욕망이 있으면 조급하게 되고 고산의 법을 따르지 않고, 자기 마음대로 하려고 한다. 고산에서 고산의 법을 무시하고 자기 하고 싶은 대로 하면 고산증이라는 고통을 안을 수밖에 없다. 고산에서는 숨 쉬는 것, 마음의 움직임, 생각하는 것도 고산증의 원인이 된다. 인내로는 한계가 있다. 일단 고산증에 걸리면 스스로 회복하기 쉽지 않다. 치료 약도 없다. 증세가 나타나면 고통이 덜한 곳까지 하산하여 고산에 적응할 수 있을 때까지 쉬어야 한다. 그런데도 우리는 욕망의 마차를 탄 사람같이 자신이 고산증에 걸린 줄도 모르고 정상으로 향한다.

고산에는 고산증이라는 고통만 있는 게 아니다. 고산증에서 벗어나는 방법도 있다. 진정한 행복은 즐거움의 추구가 아니라 행복으로 가는 길에 방해가 되는 요소를 없애는 것이다. 그것은 삶도 의욕도 등정의 문제도 아니다. 잘못된 삶이 문제다. 사는 게 괴로운 것이 아니라 잘못된 삶을 살기에 괴롭다.

욕망에 빠지면 고통을 받는다는 사실을 모르기 때문에 빠져나오려 하지 않는다. 빠져나오면 욕망과 고통이 보인다. 고통을 알아야 고통받는 자신을 깨닫고, 고통의 원인을 알려고 하고, 고통에서 벗어나려고 노력한다. 원인을 고산에서 찾으려 하면 결코 자신의 고통을 깨닫지 못한다. 고산증에서 벗어나는 길은 고통받는 자신을 받아들이는 것이다.

그러면 고통을 관찰할 수 있고, 고통의 본질과 해결책을 찾을 수 있다. 고산에서 고산증을 피한다고 피할 수 있는 것은 아니다. 부딪혀야 한다. 그러면 최소한 잘못 가고 있음을 알고, 고산증에서 벗어날 방법을 찾으려 하고, 올바른 안목을 얻고, 정상으로 가든지 하산을 하든지 결정을 할 수 있다.

고통의 소멸은 정상의 오름이 아니라 하산이다. 그것은 머리로 되는 것도 아니고 이해로 되는 것도 아니다. 실제로 하산해야 한다. 오염된 마음은 맑은 마음으로 하루아침에 바뀌지 않는다. 일상의 삶 속에서 끊임없이 하심을 해야 한다. 그러면 언제가 바뀐다. 일상으로 돌아오는 것, 그게 하산이고 행복이 아닐까.

고산족인 장족은 늘 고산과 함께 산다. 그들에겐 고산은 일상이고 고통을 느끼지 않는다. 고산의 법을 따르기 때문이다. 그런데 도시로 가기로 원하고 벗어나려고 하면 고산은 고통이다. 뱃사람에게 배는 직업이고 멋이다. 육지 사람이 배를 타면 뱃멀미에 죽을 맛이다. 이같이 모든 것은 상황에 따라 달라진다. 고산증도 삶도 마찬가지가 아닐까.

산과 나

등산을 '산을 탄다'고 표현하는 것을 싫어하는 사람들이 있다. 그들은 대신 산을 접한다, 산에 들어간다는 말을 좋아한다. 산을 탄다, 등산한다는 것은 산 위에 올라간다는 의미로 해석되어 부정적으로 생각할 수 있다. 더군다나 나를 탄다, 인간을 탄다, 연인을 탄다 등, 산을 의인화하는 경우에는 언어의 표현에 따라 상상 이상의 비하감과 육감적인 이미지까지 줄 수도 있다. 인간은 산을 닮았다고 한다.

산에 들어가면 현재 자신이 사는 도시와 다른 새로운 색깔이 펼쳐진다. 산길을 기는 것은 새로운 자신의 세계로 들어가는 것이기에, 들어서기 전에 잠시 생각을 멈추는 것이 좋다. 생각은 실재가 아닌 과거고, 자동 습관적으로 사로잡혀 속박될 수 있다. 산길을 올바르게 가는 것은 낡은 습관을 버리고, 또 다른 자신의 세계와 접촉하도록 노력하는 것이다.

산길을 걸으면서 발걸음을 자각하면 생각이 끊어지고, 욕망과 미워하는 마음이 내려지고, 어리석은 마음이 비워지고, 그곳에서 일어나는 또 다른 자기를 발견한다. 산길을 갈 때 옆 사람과의 대화를 멈추면, 새들의 옹알거리는 소리, 가슴에 파고드는 풀벌레 노랫소리, 돌돌 굴러가는 계곡의 물소리, 솔잎을 스치는 푸른 바람 소리를 들을 수 있다. 더 산속으로 깊이 들어가면 모든 소리는 끊어지고 산의 숨결을 느낄 수 있을지 모른다. 그때야 진정으로 산의 언어인 침묵으로 산과 대화가 가능하다. 아니 새로운 자기와 대화가 가능하다.

강물은 흐르고, 산은 멈추어 있다고 누가 말하는가. 멀리서 마음의 눈으로 산을 자세히 관음觀音하라. 능선은 마치 등뼈같이 길게 쭉 뻗어있고, 능선에 펼쳐지는 산자락은 갈비뼈와 같다. 갈비뼈 사이로 핏줄 같은 산의 흐름을 본다. 아니 생명의 흐름을 본다. 이 능선과 저 능선의 만남은 계곡을 만들기 위해서가 아니라, 생명의 핏줄을 연결하기 위한 작업 같다. 마치 인간의 핏줄이 상호 연결되어 꿈틀거리는 것 같다. 나무의 푸름은 봉우리에서 산자락까지 푸른 생명의 기운이 흐르듯이 내려간다. 내가 살아있듯이 산은 살아있다. 산은 한순간도 멈추지 않고, 날개를 펼친 듯 꿈틀거리면서 먼 바다를 향해 달린다. 내가 꿈을 향해 달리듯이.

산의 기이한 현상은 인간의 삶의 흔적들이 나타난 것 같다. 두 손바닥을 모으고 하늘을 향해 합장하듯 기도하는 칼바위, 화가 나서 주먹을 휘두르는 주먹 바위, 어리석음으로 가득 찬 무명 바위, 서 있는 모습이 촛대를 닮았다고 해서 촛대바위, 손사래를 치는 듯한 나비 바위가 있다. 이런 산의 현상을 인간의 성격으로 비유하여 말하는 사람도 있다. 나는 어떤 바위에 속할까.

 올라올 때 정상은 상황에 따라 누워 있는 모습으로, 서서 달리는 모습으로 보이기도 하고, 어떤 때는 명상하듯이 앉은 모습으로 보이기도 한다. 정상 중에서는 고개를 거만하게 들고 있는 것도 있고, 다소곳이 숙여 가까이 가야 볼 수 있는 것도 있다. 비슬산같이 수십 명이 앉을 만한 넓은 터와 전망이 좋은 곳도 있고, 고로쇠 수액으로 유명한 백운산은 바위만 뾰족한 암산이다. 대개 바위만 있든지 아주 좁은 터만 있는 곳이 태반이다. 정상부가 넓다는 것은 왠지 정상답지 않는 것 같다. 정상을 지키는 사람이 극소수이기 때문일까.

 정상에서 산 아래로 내려다보면 다양한 모습들이 한눈에 들어온다. 오른손을 머리에 대고, 오른쪽 옆구리는 산자락에 붙이고, 다리는 쭉 편 것도 아니고 가볍게 오므리듯이 편 자세, 모든 것을 놓아버린 듯 자유롭고 편한 자세, 이런 산이 나에게 자연스럽고 정답게 느껴지는 것은, 어디서 많이 본 것 같은 것은 무엇 때문일까. 태중의 나의 모습과 닮았기 때문일까. 어쩌면 이것은 내가 꿈꾸는 삶의 힐링 자세인지 모른다.

 친근감이 들고 마치 나를 보는 것 같다. 산을 보면서 나의 참모습을 깨닫고 싶다. 십여 년 산행했지만, 아직 내가 나와 함께 있으면서 함께 있음을 모른다. 왜 그럴까. 무언가 찾으려 하고, 더 나은 내가 되려고 애쓰기 때문에 나를 발견하지 못하고, 그것에 얽매이는 게 아닐까. 있는 그대로 나를 보고, 지금-여기 그대로의 산에 머무르자. 그건 발바닥과 산길의 접촉 느낌을 자각하는 것이다. 그것만이 실재고 다른 것은 생각이다. 그러나 산에 머물지 못하고 도시의 네온사인에 쌓여 방황하는 나를 어찌하라. 침묵이 흐르고 바람 소리만 솔잎 사이를 흔적도 남기지 않고 지나간다. 무심코 바람의 흔적을 찾으려는 나를 발견한다.

산은 그냥 가만히 서 있는 게 아니라, 계절 따라 옷을 바꾸어 입는다. 아니 아침저녁으로 햇살 따라 다르게 나타난다. 산마루 바위의 전망대에 올라서서 눈으로 산을 따라 내려가면 아득한 분위기, 평화로운 느낌이 다가오고, 나뭇잎들은 마치 푸른 비단을 깔아 놓은 듯 시원하게 펼쳐져 있다. 그 위에 누워 봄 햇살을 이불로 삼아 자고 싶다. 아니 그 위를 부드럽게 날고 싶다. 그러면 마음의 본향을 찾은 듯 평안할 것 같다. 그것은 내가 가까이 다가가고 싶고, 사랑하고 싶은 나의 또 다른 모습인지 모른다.

나는 혼자 별개로 있을 수 없듯이 산도 홀로 있을 수 없다. 내가 산과 함께 존재할 때 산은 더 아름다워지고 나도 더 맑아진다. 내가 아프면 산은 손을 잡아주고, 산이 아프면 내가 손을 잡아주고, 나와 산은 서로 그리워하고 추앙한다. 오늘도 산이 부른다. 난 도시를 나선다.

구만폭포

한여름의 땡볕이 양 사방에서 후려친다. 아스팔트 위에 등산화 발자국이 남을 정도다. 산행 초입에 들기도 전에 심신이 엿가락같이 녹아든다. 산꾼들은 심한 가풀막의 할딱거림보다 싫어하는 길이 아스팔트 도로다. 처음부터 난코스를 체험하는 순간이다.

육화산과 구만산의 본격적인 산행 들머리에 들어섰다. 산에는 그 흔한 바람 한 점 빌릴 때도 없다. 따가운 햇빛을 막아주는 소나무가 고맙다. 가풀막 오름의 숨 막힐 듯한 호흡을 겨우 삼기고 숨결을 고를 즈음, 육화산 정상의 갈림길에 섰다. 산에 가는 의미는 모든 사람마다 다르다. 대개 정상으로 가는 것을 목표로 삼는다. 그런데 난 정상으로 가는 길을 포기하고, 정상의 의미를 되새겨봤다.

산이 섬과 같이 한 개로 별개로 떨어져 있다면 최고봉을 정상이라고 할 수 있겠지만, 산은 계속 연결되어 있는데 어느 기준에서 정상인가? 또한 정상에는 아무것도 없고, 일반 봉우리와 다를 바 없다. 산이 스스로 정상이라고 하지 않는다. 단지 인간이 정상석을 세우고 정상이라고 부를 뿐이다. 그런데도 인간은 오로지 정상만을 향하여 오른다. 만약에 정상의 가치를 높이에 두지 않고 다른 것에 기준을 둔다면 정상은 어디일까? 의문을 간직한 채 능선 길로 발품을 부지런히 팔았다.

고갯마루에서 구만산 정상은 앞산에 가려 보이지 않고, 산 마루금이 하늘과 맞닿아 있다. 능선이 좌우로 갈라지면서 생기는 계곡의 푸른 음양의 조화는 묘한 감을 일으킨다. 구만산 정상으로 가기 위해서는 갈림길에서 왼쪽 하늘금을 타고 올라서야 한다. 또 정상을 포기했다. 그렇다고 정상을 향한 마음을 비웠다는 자만심도 아니고, 정상 오름의 고달픔이 두려운 것도 아니다. 어느 산꾼이 정상에 가는 것은 산에 대한 예경이라고 하는 것을 들었다. 고달픔의 두려움도 불경을 저지르는 것도 아니다. 단지 날씨가 너무 더웠고, 일진이 사나왔다고 할까. 무엇보다 일상의 산행 습관을 벗어나고픈 마음이 일어난 것을 감추고 싶지 않다. 섭섭한 마음을 갈림길에 남겨 둔 채 통수골로 내려섰다.

푸른 옷의 지퍼를 내리고 하얀 알몸을 드러내며 길게 누워있는 계곡이 통수골이다. 수많은 세월이 만들어 낸 계곡물과 바위는 많은 상흔을 안고, 구만산의 큰 맥을 지켜가고 있다. 가파른 내리막길을 내려가자 우거진 신록 사이로 계곡의 물소리가 푸른빛을 타고 올라온다. 내려갈수록 물소리가 발걸음 소리를 덮어간다. 계곡의 물은 높은 곳에서 낮은 곳으로 흐르는데, 정상에 있는 물은 어디에서 와서 흘러내리는 것일까.

삶의 흔적이 무의식 속에 녹아들듯, 보이지 않는 물들이 정상의 어디에 스며 있다가, 한 방울씩 모여 실타래 같은 물길을 만든다. 다시 거대한 물줄기가 되고, 흐름에 스스로 몸을 싣고 나아간다. 한순간도 끊어지지 않고, 변함없이 재잘거리며 흐른다. 여울목에서 일상의 흐름에 변화를 주기 위해 멈추려고 안간힘을 보태어 보지만 역부족이다. 어떤 경우에도 흐름을 멈추게 할 수 없다.

통수골로 흘러내리는 옥수는 지나간 삶의 흔적을 안고 알 수 없는 여정의 길을 떠난다. 구만폭포에 도착하기 전까지 계곡물은 자신이 만든 주위의 아름다운 풍광에 취해 완만하게 흐른다. 마치 태풍 전야의 바다가 파도·바람·구름의 흐름을 멈추고 고요히 숨결을 조절하듯이.

한결같은 흐름을 따라가면 계곡 옆에 계곡의 끝자락으로 이어지는 평평한 흙길이 나타난다. 끝에 이르면 한 사람이 겨우 다닐 좁은 오솔길로 바뀐다. 오른쪽은 아슬아슬한 절벽이다. 절벽에 뿌리를 박은 소나무 틈새로 거대한 수직 암벽이 솟아 있고, 그 사이로 하얀 두루마기를 날리며 칼춤을 추듯이 떨어지는 날카로운 선율의 하얀 포말을 볼 수 있다. 구만폭포다.

가파른 절벽에 수직으로 세워진 길을 내려오면 폭포의 굉음은 모든 생각을 먹어버린다. 폭포 앞에서 발걸음을 멈추었다. 아니 모든 것이 저절로 멈추어진다. 통수골의 모든 물이 모여 절벽에 걸터앉아 있는 것 같다. 한 호흡 순간 낡은 옷을 벗고 알몸으로 어둡고 보이지 않는 절벽 아래로 내리꽂히는 것 같다. 폭포의 우레 같은 아우성은 도전하는 두려움인가, 새로운 세계에 대한 신비감의 희열인가 종잡을 수 없다.

폭포 상부와는 너무 다른 모습이다. 하지만 구만폭포는 일반 산행로를 벗어나 계곡의 본류 깊숙이 숨겨진 비경은 아니다. 크지도 않고 작지도 않다. 마을 어귀에 있는 주막집같이 아무나 접근하기 쉬운 곳에 있다. 폭포로 생겨난 물웅덩이에 서면 자연이 만들어낸 오페라 하우스에 들어온 듯한 착각에 빠지게 한다. 물웅덩이 주위는 천연스럽다. 맑고 순수한 영혼과 대화를 기다려 온 것 같이 침묵이 흐른다. 바위 언저리에 섰다. 전율이 발바닥을 거쳐 가슴을 치고, 푸른 물의 눈빛은 들어오라고 손짓을 한다.

구만폭포에서 걸음을 멈춘 것은 특별한 이유가 아니다. 정상의 길을 멈추어서 생긴 마음의 여유 때문이다. 정상의 가치가 정상에만 있다면 진정한 정상이라 할 수 있겠는가. 정상은 단지 산행하는 길의 방향일 뿐이다. 자기의 입맛에 맞는 음식이 한 가지에만 있지 않듯이, 정상에서 만이 정상의 맛을 느끼는 것은 아닐 거다. 자기의 입맛에 맞는 음식도 조건에 따라 다르지 않은가? 배고프면 맛있고, 배부르면 맛없는 것으로 보아 맛의 성질은 외부 음식에 있는 게 아니라 내 마음속에 있다. 정상에 정상의 맛이 있는 게 아니라 내 마음속에 있다는 말이다.

호흡을 멈추었다. 옷 입은 채로 그냥 뛰어들었다. 낡은 옷이 벗겨지고 살갗으로 스며드는 상쾌함을 뚫고 날개가 솟는다. 은하수에서 걸림 없이 헤엄치는 돌고래가 된다.

산은 흐른다

칙칙한 겨울비가 오지만, 낙남정맥 종주 둘째 구간 산행을 감행했다. 들머리인 영운리 고개에 들어섰다. 여기가 오늘의 시작점이구나. 그 순간, '여기는 지난주 끝낸 첫째 구간의 끝점이 아닌가.' 잠자는 영혼을 깨우는 종소리처럼 뇌리를 스치고 지나간다.

이월의 첫날, 낙남정맥 종주 시작 날이다. 일기예보에 의하면 올해 부산의 겨울 중 제일 추운 날이란다. 추위가 땡추보다 더 맵다. 구포 버스정류장에는 안내인이 겨울을 데우는지 헌 페인트 깡통에 장작을 넣어 불을 지핀다. 이런 날 낙남정맥의 들머리인 김해 매리에 친구 원보와 함께 서 있다. 옷을 여미고 마음을 단단히 잡아매었지만, 첫 발걸음을 열기 쉽지 않았다. 처음부터 등산로가 희미한 비탈길 길을 오르니 마음이 무겁다. 선답자들의 안내 리본이 불안한 마음을 걷어낸다.

산을 관통하며 대저에서 대구로 가는 고속도로 공사가 한창이다. 공사로 정맥이 끊겼다. 봉우리에서 보는 정맥의 잘림은 눈도 마음도 아프게 한다. 안타까운 마음이 일어나는 것은 웬일인가.

종주를 시작한 지 십 분이 채 안 되었는데 자연환경보호자가 된 것 같다. 산이 파괴되면 내가 파괴되고 결국 모든 인간이 파괴된다는 어마어마한 생각을 한 것일까. 자연과 나를 하나로 생각한 것일까. 어쨌든 나는 지금 산이 파괴되고 있는 것을 보고 있다.

강을 겨드랑이에 끼고 오르락내리락하면서 능선을 탄다. 강물의 여유로움에 몸을 맡긴 한 점의 배와 햇빛을 잘라 먹고 은빛 물결을 토해내는 낙동강의 굽이굽이를 바라보며 걷는다. 산 능선을 따라 나목이 홀가분하게 줄지어 간다. 앙상한 가지 덕분으로 강의 풍광을 볼 수 있어 고맙다. 빠짝 마른 회색 가지 위로 설핏 지나가는 초록 산빛은 다른 계절보다 생명의 기운을 더 느끼게 한다. 강을 내려다보며 걷는 발걸음이 강물의 흐름만큼 여유롭다.

대개 등산은 산의 정상을 향해 올라갔다 하산한다. 백두대간과 정맥 종주는 정상에 대한 목표가 없다. 단지 산 마루금을 따라 걷는다. 그것뿐이다. 그것만으로도 바람의 길을 가는 새처럼 자유롭다. 인생도 마찬가지라면 좋겠다. 정상에 대한 목표 없이 열심히 사는 게 의미라면 덜 구속받으면 살 수 있을 텐데.

동신어산에서 하늘·땅·산의 영혼에게 시산제를 지낸다. 산은 항상 마음을 열어 놓고 있다. 언제든지 누구든지 구분하지 않고 포용한다. 하지만 우리는 자만과 편견으로 마음의 문을 좀처럼 열지 못한다. 어쩌면 열려고 해도 녹이 슬어 스스로 열기 어려운 지경에 있을지 모른다. 기도가 바람을 이루게 하지는 않겠지만, 우리는 모든 정성을 바쳐 제를 지낸다. 매실주와 가져온 음식을 모두 놓고 기도를 한다. "당신과 함께할 수 있다는 게 행복입니다. 항상 당신과 늘 함께할 수 있도록 저희를 이끌어 주십시오. 모두 당신의 겸손과 지혜를 배울 수 있도록 마음을 열겠습니다."

동신어산에서 본 금정산의 고담봉·양산의 오봉산·토곡산이 강 너머 차가운 바람을 맞으며 옷깃을 여미는 것같이 묵묵하다. 고개를 돌리면 정맥의 연봉이 이랑을 이루며 청정 남해의 바다 한 조각을 떼어 놓은 것 같이 넘실거린다. 눈은 산줄기를 따라 하늘 끝까지 올라간다.

아이를 등에 업고 가는 할머니, 시장 바닥에서 젖가슴을 드러내어 놓고 젖을 물리는 아낙네, 아이를 두 손으로 가슴에 안고 울음을 달래는 어머니, 고향으로 달려가는 덜 뜬 나그네의 모습으로, 산은 강물을 거슬러 올라가듯이 추억의 그리움을 안고 흐른다. 낙남정맥은 단순히 산줄기와 강의 흐름이 아니다. 남도인의 기쁨과 슬픔의 역사를 담고 흐른다. 그것은 피상적인 것이 아니라 일상의 호흡을 함께한 대지의 울타리와 같다.

산행의 마지막 고개인 생녕고개에 노착했다. 고개에서 바라보는 신어산 정상은 귀천봉처럼 아득하다. 보는 것만으로도 맥이 빠진다. 시작할 때 오르막은 각오로 버티지만, 힘이 빠진 마지막 지점에서는 다시 올라가기 어렵다. 등산 코스는 마지막에 오르막이 오도록 계획하지 않는다. 하지만 정맥 종주는 삶과 같아 언제 고비가 올지 모르고 조정할 수도 없다. 길 따라서 갈 뿐이다. 엎친 데 덮친 격으로 오르막이 너무 길고, 동북쪽이라 눈이 얼어 미끄럽다. 간간이 양지에 눈이 녹아 있는 것을 보며 햇살의 고마움을 알 수 있듯이, 고행이 고통으로만 와닿는 게 아니고 살아있음의 고마움을 깨닫게 해주는 계기가 되었으면 좋겠다.

날머리인 영운리 고개에 도착했다. 어둠이 햇살 속으로 스며들면서 산행의 길을 끊는다. 다음 산행을 위하여 둘째 구간의 시작점을 찾았다. 하지만 찾을 필요가 없다는 것을 곧 안다. 첫째 구간의 끝점이 바로 다음 구간의 시작점이기 때문이다. 조건에 따라 끝점은 끝점이 아니라 새로운 시작점이 될 수 있음을 이제야 깨닫다니….

정맥은 마치 인생의 긴 여로와 같다. 오늘은 첫 구간을 걸어가고, 내일은 다음 구간을 걸어간다. 첫 구간의 산행에서 보고 듣고 사색한 산행의 모든 흔적이 땀방울로 응축되고 고드름처럼 머리카락에 맺힌다. 그것은 불확실한 둘째 구간의 산행에 용기와 희망을 주는 에너지가 된다. 삶의 불확실은 미래를 두렵게 만들지만, 만약에 정맥 종주와 같다면 미지의 세계를 여행하는 것같이 신비감과 신선감에 젖고, 일상의 반복에서 벗어나 자유를 느낄 수도 있다.

산도 삶같이 끝없이 흘러간다는 것을 이해한다면, 정맥꾼은 무리한 산행계획도 세우지 않고, 끝을 내려고 조급증도 가지지 않고, 헐떡거리는 자신의 호흡을 들으면서 길만 쳐다보고 가지도 않을 거다. 무엇보다 끝의 두려움에서 벗어날 수 있다. 하지만 짙게 깔린 어둠을 밟는 발끝에서 두려움이 솟구치는 것은 어찌할 수 없구나.

생애 첫 지리산 종주 산행 - 시작

가슴이 떨린다. 성삼재에서 스며드는 차가움 때문일까, 시원함 때문일까. 묘한 느낌을 오랜만에 맛본다. 안개가 길을 덮어 미지의 세계로 들어가는 기분이다. 처음이라 내 체력으로 종주할 수 있을지 걱정된다. 진짜 걱정은 밖이 아니라 내 안에 있다. 모름은 내 안에 있기 때문이다. 극복하는 길은 그 길을 직접 가고, 품고 자각하고, 내가 걱정과 하나가 되는 것이다. 그래, 처음 아닌 인생이 있을까. 인생의 첫 발걸음을 내딛는 마음으로 오른발을 들었다.

2022년 6월 8일 아침 6시 10분에 부산지하철 교대역 8번 출구에서 달궁마을 거쳐 9시 15분에 성삼재에 도착했다. 나만 어젯밤에 잠을 설친 줄 알았는데, 다른 사람들도 역시 그랬다고 한다. 지리산 종주를 몇 번 했던 사람도 잠을 설쳤다고 한다. 아! 그렇구나, 모두 그렇구나. 나만 그런 게 아니구나.

종주 산행은 배낭 꾸리기에서 시작한다. 긴 여정을 지속하는데 배낭 속의 내용물도 중요하지만, 무게도 크게 영향을 미친다. 누구나 무게를 줄이고, 필요한 것만 넣는다. 각자의 욕망에 따라 배낭의 크기, 넣는 내용물 등에 따라 무게가 다르다. 그것 때문에 종주하고 못 하고는 각자의 몫이다. 체력이 약한 나는 되도록 작은 배낭을 선택하고, 나에게만 꼭 필요한 것만 넣는다. 남을 생각할 여유가 없다. 이것으로도 완주할 수 있을까 걱정된다.

　그룹으로 산행하는 경우는 그룹에서 너무 떨어지면 폐가 되기에, 보조를 맞추어야 한다. 산행 체력이 약한 사람은 늘 몸과 마음이 바쁘다. 풍광을 구경할 틈도 인증샷 찍을 시간도 없다. 게으름을 피울 수 없고, 자기 힘껏 열심히 가야 한다. 체력이 받쳐주는 사람은 여유롭다. 간혹 빨리 도착해야 한다는 신념 때문에 우리보다 더 바쁜 사람도 있다. 여유롭게 가려면 혼자 산행을 권한다. 외롭고 위험은 따르지만, 풍광을 즐길 수 있고, 오히려 외로움을 즐길 수도 있다. 그룹 산행도 함께 가지만, 인생같이 어차피 홀로 가기에 걷는 동안은 나름대로 고요와 외로움을 즐길 수도 있다.

　명심할 것은 반드시 끝내야 하고, 종주해야 한다는 고정관념을 고집하면 무리수를 범하고, 사고가 생길 수 있다. 가다 못 가면 종주를 포기하면 된다. 단지 이번 종주를 완주하지 못한 것뿐이지 실패한 것은 아니다. 중간에 하산길이 있다는 것을 염두에 두면 걱정이 덜 된다. 미완성이라고 슬렁슬렁 깨 피우면서 가지 않는다. 어쩌면 완성한 사람보다 힘들게 간다. 미완성도 인생이고 아름답다고 스스로 위로한다.

　우리의 인생길도 마찬가지가 아닐까. 무언가 특별한 것을 완성하려고, 정상에 도달하려고 사는 사람들이 있다. 끝내는 것에 초점을 맞추면 과정의 소중성을 잊어버리고 늘 마음은 미래에 간다. 그것은 괴로움이다. 더 나은 삶이 미래에만 있다고 생각하는 사람은 어리석다. 현재 행복하지 못한 사람이 미래에 행복할까. 행복은 지금-여기에서 느껴야지 나중에 느끼는 것은 아니다. 행복으로 가는 길이 있는 게 아니라, 길 자체가 행복이다. 포장마차에 혼자 소주를 마시며 곰곰이 생각해 보았다.

체험으로 느끼는 사람과 그냥 말로만 이해하는 사람의 인생은 다르다. 깨달은 사람은 종주의 달성이 아니라 걷는 체험 하나하나를 사랑한다. 종주를 과정의 수단으로 사용할 뿐, 종주 자체가 목적이고 끝이다. 거기에 완성에 대한 성공과 실패가 있을까. 상황만 일어날 뿐이다. 대개 지리산 종주의 목적은 정상 또는 완주의 달성 또는 사람의 만남이라고 한다. 나의 종주 목적은 걷는 자체다. 그래서 지금-여기 걷는 발의 자각에 초점을 맞춘다. 입으로만 말할 뿐 아직 의미를 모르고 체험하지 못했다. 이번 기회에 체험의 맛을 보고, 삶의 의미로 승화시킬 수 있을지.

삶의 의미를 고민하면 한 곳으로 귀결된다. 한마디로 말하면 행복이다. '어떻게 살아야 행복한가?'에 대해 도쿄대학, 서울대학 등 많은 대학에서 연구한다. 하버드대학에서도 75년간 연구한 결과를 '하버드의 위대한 연구'라는 논문으로 발표했다. 핵심은 어떻게 관계 맺느냐에 따라 행복의 질이 달라진다고 한다.

인생에서 최고의 관계 맺기는 무엇일까? 관계 맺는 수보다 질이 중요하다고 한다. 그건 사랑하기가 아닐까. 인생은 사랑할 시간도 부족할지 모른다. 머뭇거릴 시간이 있을까. 사랑의 느낌이 행복이 아닐까. 느낌은 과거나 미래에 있는 것이 아니라, 현재에 있다. 현재 내가 행복하려면? 이 종주 그룹과 관계 맺기를 잘해야 한다. 그룹에서 멀리 떨어지지 않도록 열심히 걸어야 하고, 사고가 생기지 않도록 조심해야 하고, 안 아파야 하고 …. 결코 완주하는 데 있는 것은 아닐 거다.

생애 첫 지리산 종주 산행 - 중간

✻✻✻

　노고단을 지나면서 발바닥의 묵직함이 종주의 참맛을 느끼게 한다. 종주할 수 있다는 힘이 솟아오르고, 옆 사람들을 볼 여유도 생긴다. 등산객 한 명이 지리산의 운무를 감탄하며 열심히 샤터를 눌린다. 앉아서 잠시 숨을 돌리는 어떤 사람, 배낭의 크기가 장난이 아니다. 쌀 한 가마보다 더 크다. 그의 산행하는 마음은 어떨까. 나와 다를까.

　광명에서 왔다는 사람은 100대 명산 마지막 산행지인 반야봉을 인증샷하기 위해 왔다고 한다. 대단한 것을 해내었다는 자부심이 얼굴에 가득하다. 그를 멀리하고 올리가다 다른 사람을 만났다. 길고 긴 백두대간을 종주했는데, 그중에서 빠진 마지막 구간을 채우기 위해 지리산에 왔단다. 같은 구간을 걸어도 걷는 이유가 모두 다르구나. 그러나 한 발 한 발 내딛는 것은 모두 같다.

　모두 각자 인생의 과정을 완성하기 위해서 스스로 자기 발로 걷는다. 아무도 대신 땅을 밟을 수 없고, 뛰어넘을 수 없다. 정말 그들에게 박수를 보낸다. 사는 게 별갠가. 자기의 과정을 차근차

근하게 밟으며 나아가고, 완성하지 못하더라도 밟는 발걸음 하나하나 자체에도 의미가 있지 않을까. 내가 수필을 쓰는 것도 한 편의 수필을 완성하면 그것으로 끝이다. 책을 낸다든지, 상을 받는다든지 하는 것은 뒷일이다. 이런 마음으로 글을 쓰면 남을 의식하지 않기에 마음이 편하다. 지금 중요한 것은 오른발과 왼발이 땅과 접촉하는 느낌을 자각하는 것이다. 밟다 보면 언젠가 정상에 도착하겠지.

 노루목에서 점심을 먹고 바로 출발한다. 사방 안개가 자욱하다. 길만 꿈틀거린다. 삼도봉에 도착했다. 이곳은 전라북도·전라남도·경상남도 3개의 꼭지가 합쳐진 곳이다. 이곳을 지나니 한참 내리막 계단 길이다. 무릎이 조금 아프다. 걱정이 앞선다. 오르막보다 내리막은 덜 힘들지만, 산행사고 대부분이 내리막에서 일어나기에 조심스럽다. 또한 내려간 만큼 다시 올라야 하는 걱정이 발보다 더 빨리 일어난다. 빈틈없이 토끼봉까지 오르막이다. 생각을 바꿔 보면 어떨까. 내리막은 힘이 덜 드니까 좋고, 오르막은 힘은 들지만 다시 내리막이 있으니까 좋다. 그래 둘 다 좋다.

 선두 팀은 보이지 않는다. 쉬는지 뭐 하는지 모른다. 후미 그룹은 따라가려고 애쓰니 몸과 마음이 고달프다. 비슷한 사람 끼리끼리 모이는 이유다. 학교 동기들이 더 친하게 지낼 수 있는 것도 여기에 있다. 그런데 친구끼리라도 같을 수가 없다는 세상의 다양성을 분명히 알고 만나야 서로가 편하다. 산행도 잘 가는 사람은 빨리 먼저 가고, 못 가는 사람은 늦게 간다는 것을 알면 원망이 덜 할 것이다.

 후미 그룹은 선두 대열에 끼이지 않기로 했다. 생각을 바꾸자 우리는 발걸음을 천천히 하고 잠시 쉬면서 갔다. 풍경도 구경할 수 있었다. 선두 그룹은 그들만의 인생 이야기가 있고, 우리는 다른 인생 이야기가 있다. 옳고 그름은 없다. 다를 뿐이다. 만약에 후미 그룹의 사람들이 선두 그룹과 같이 쉬고 구경하고 사진 찍으면서 가면 약속 시간에 도착하기 어렵다는 것도 명심해야 한다.

 오후 5시 30분경에 벽소령대피소에 도착했다. 출발한 지 9시간 만이다. 15여 년 전, 혼자 지리산 종주 산행한 적이 있다. 벽소령 대피소에서 무릎이 아파 종주를 포기하고, 음정마을로 하산한 아픈 트라우마가 일어난다. 그때 종주 산행을 버린 것이 아니라, 다음 기회에 보기로 했다. 이번에도 무릎이 좀 아팠다. 내일은 10시간 정도 걸어야 하고, 마지막 구간이 더 힘들다고 하는데. 해낼 수 있다는 용기보다 걱정이 먼저 일어난다.

 걱정을 걱정하지 마라. 나만 걱정하는 게 아니다. 지인과 해운대 장산을 산행한 적이 있었다. 그는 초보자라 많이 힘들어했다. 옥녀봉 전망대에서 잠시 호흡을 가다듬었다. 다른 사람들도 헉헉거리며 숨 가쁘게 올라오는 것을 보고 말하였다. "모두 헉헉거리고 힘들구나, 나만 힘든 게 아니구나." 그의 깨달음의 일성을 듣고, 십여 년 산행하고 무수히 숨 가쁨을 보고 함께 했지만, 나는 이제야 머리 한 방 맞은 듯 다가온다. '세상은 힘들구나. 모두 힘들구나.' 그래 나도 너도 힘들구나. 동병상련의 마음이 일고, 이젠 이해하고 배려해야겠구나.

배낭이 크면 꿈도 크다고 한다. 많은 것을 담을 수 있고, 음식을 여유 있게 넣을 수 있고, 남과 나누어 먹는 것은 꿀맛이다. 비상시에 도움이 된다. 단 체력이 강해야 한다. 나는 배낭이 적다. 체력이 약하고, 꿈도 크지 않고, 꼭 달성하려고 노력하지도 않고, 그렇다고 열심히 안 하는 것도 아니다. 아직 어떻게 살아야 할지 방황할 때가 더 많다. 어쨌든 좀 얼빵한 것 같다. 난 프로가 아니고 아마라고 위로한다. 누가 말한다. '프로는 목숨을 걸고 하고, 아마는 즐기면서 한다.'

산을 좋아하는 사람이라도 특색이 각각 다르다. 그냥 걷는 것 자체를 좋아하는 사람, 풍경이나 산의 모양 등 풍광을 좋아하는 사람, 야생화를 좋아하는 사람 등이 있다. 궁극 목적은 산행이지만, 방편적인 목적인 백두대간 종주, 해파랑길 종주 등 인증샷에 마음을 두고 열정적으로 산행하는 사람도 있다. 어느 것이 옳고 그른 것 없다. 어디에 목적을 두든지 바르게 걷는다면 그 자체로 행복이 아닐까.

몸은 피곤한데 머리는 생생하다. 평소에 12시에 자는데, 9시에 자려고 하니 잠이 올 리가 없다. 어젯밤에도 잠을 설쳤는데. 오늘 밤에도 잠을 설치면 더 힘든 내일을 어찌 감당할까. 걱정이 일어난다. 지리산 대피소에서 밤에 최선의 관계 맺기는 잠을 잘 자는 것이라고 하며 잠의 손을 잡는다.

생애 첫 지리산 종주 산행 - 끝

지리산 종주 산행으로 천왕봉 가는 것과 단 코스로 천왕봉만 올라가는 것은 준비와 마음 자세가 다르다. 그룹 종주 산행의 계획은 여유로운 경우가 거의 없다. 대부분 빡빡한 일정이기 때문에 체력이 부족한 사람은 길 가는 데 급급하여, 종주 길의 아름다움과 전망대에서 멍때리기, 풍광 감상 등 여러 과정을 놓칠 수 있다.

대부분 지리산 종주 산꾼은 정상에 오면은 지쳐 있고, 하산 시간이 촉박하여 주위 풍광을 구경할 여유가 없다. 대개 정상에는 산의 아름다움과 달성의 희열이 있는데 즐길 여유가 부족하다. 어떤 사람은 정상석 인증샷만 하고 하산한다. 지리산의 정상은 천왕봉이다. 당신의 정상은 어디인가 반드시 천왕봉이 될 필요는 없다.

어젯밤에는 무릎이 아파 걱정했는데, 아침에 일어나니 괜찮은 것 같다. 무릎보호대를 채우고, 새벽 5시에 벽소령대피소를 떠나 길을 나선다. 길 위에서 주먹밥으로 아침을 때우고 바로 출발한다. 8시 35분 세석대피소에 도착했다. 11시 장터목 대피소에 도착했다. 점심은 햇반과 김치로 간단히 배를 채우고, 쉴 시간도 없이 바로 출발한다. 버스 시간 맞추는 것도 시간 게임을 하는 것도 아닌데. 이유가 없는데 무엇이 그리 급한지.

천왕봉 가는 길에 수십 개의 작은 돌탑이 옹기종기 모여 있는 바위가 있다. 거기에 아주 천천히 조심스럽게 작은 돌을 탑 꼭대기에 올리고, 기도하는 젊은 아가씨의 모습이 너무 순수하고 아름답게 보인다. 기도하는 모습의 아름다움을 본 적이 언제인가. 올라가면서 생각한다. 왜 기도하는 모습이 아름다울까. 순수한 간절한 때문일까. 갑자기 돌아가신 어머니를 생각한다. 혼자 계셔서 안부차 자주 방문했지만, 가기 싫을 때도 있어 전화로 대신한 것, 퉁명스럽게 말한 것 등 어머니에게 불효한 것들이 기도하는 모습과 겹치면서 나의 간절함 부족에 대한 부끄러움이 일어난다.

통천문에 도착했다. 하늘로 가려면 통천문을 통과해야 한다. 들어가는 사람들은 어떤 마음을 가져야 할까. 무거우면 오르기 힘들다고 하늘 문이 있는 것 같다. 땅에서 갖고 있던 모든 것을 내려놓아야 아마 하늘로 오르기 쉽겠지. 탐욕, 심지어 사랑마저 내렸다. 정상이 바로 하늘이다. 여기서부터 천왕봉 정상까지는 심한 가풀막이고 30여 분 걸린다. 아, 너무 힘들다. 탐욕·사랑을 내려놓았다는 것은 생각이지 실재가 아닌 모양이다.

하늘로 가는 마지막 구간이다. 마지막 남은 몸과 마음의 에너지는 고갈되었다. 20여 년 등산했지만 지금 순간만큼 힘든 상황은 없었던 같다. 발이 쇳덩어리 같고, 다리에는 힘이 하나도 없어 스스로 들기 어려워, 손으로 잡아당긴다. 영화의 슬로모션(Slow Motion)같이 한 걸음 한 걸음 움직였다. 고개를 숙이고, 땅에 입술을 맞추고, 마음을 발바닥의 느낌에 집중하고, 온몸과 마음을 바쳐 기도하듯이 걷는다. 이렇게 간절하고 집중된 마음 상태가 언제 있었는가.

12시 50분 천왕봉에 도착했다. 정상 아래에는 안개가 자욱하다. 지리산에서 보는 산과 구름의 조화는 감탄을 연발 일어나게 한다. 눈에 보이는 아름다움을 표현할 재간이 없다. 아름다울 때는 아무 생각도 느낌도 없고, 그저 멍하다. 멍함이 실재고, 아름다움은 그 뒤에 일어나는 나만의 느낌이다. 다른 사람은 아름답다고 하지 않을 수 있기 때문에, 허상이라고 하기도 한다.

대부분 정상석을 끌어안고 인증샷하기에 바빠 줄을 서야 할 정도다. 나도 바쁘다. 정상이 어떤 곳인지 어떤 느낌인지 그런 것을 느껴볼 틈이 없다. 그냥 인증샷하고 내려가야 한다. 이게 정상의 표현이다. 그럴 수밖에 없다. 약속 시간, 내려가는 시간, 버스 타는 시간, 집에 도착하는 시간 등을 고려하지 않을 수 없기 때문이다.

그러나 모든 사람이 그렇지 않다. 정상에서 점심을 먹고 있는 어떤 여성 산악인은 오후 내내 정상의 품에 안겼다가 하산하지 않고, 장터목 대피소에 자고, 어머니의 품을 그리워하듯 내일 정상에서 하루 더 머물다가 간다고 한다. 이건 그녀만의 정상이다.

정상이라고 모두 같은 정상은 아니다. 천왕봉은 같은 곳이지만 정상의 느낌은 모두 다르다. 자기만의 정상이다.

정상에 머무는 사람이나, 인증샷만 찍고 가는 사람이나, 잠시 정상의 호흡을 느끼고 둘러보는 사람이나, 옳고 그름은 없다. 종주 자체를 삶의 과정이라 본다면, 정상은 머무는 곳이 아니라 단지 과정 중에 스쳐가는 인연일 뿐이다. 아무도 정상에 살지 않는다. 의미를 부여하는 것은 각자의 몫이다. 천왕샘, 개선문을 거쳐, 법계사와 로타리대피소를 지나 15시 40분 순두류의 경남환경교육원 도착으로 마지막 깃발을 들었다.

종주 산행은 힘들고 고통스럽다. 누구나 세상은 내 마음대로 되지 않는다는 것을 알지만, 고통은 없애고 즐거움은 붙잡으려고 한다. 삶의 여정도 마찬가지로 괴롭다. 다행히 종주 산꾼은 고통을 스스로 직면하려고 한다. 부딪히면 고통은 생각보다 덜 아프고, 고통의 너머에 묘한 달콤한 느낌을 느끼기 때문이다.

지리산 종주의 목적은 천왕봉이 아니다. 지리산 종주 자체다. 처음부터 끝까지 하나하나가 거치지 않을 수 없는 소중한 과정이다. 옳음 · 그름, 좋음 · 싫음, 즐거움 · 괴로움이 있더라도 거쳐야 하는 소중한 과정이다. 거치지 않으면 천왕봉에 닿을 수 없다. 정상에 도달하면 다시 하산해야 한다. 원점에서 시작하여 원점으로 나아간다.

4부
그리고

기적 주세요

　오늘, 사회복지원에 슬픈 소식이 하나 있습니다. 복지원에서는 성년이 된 사람 중에서 장애 정도가 낮은 사람들은 직장을 가지면, 복지원을 떠나 전세방을 얻어 독립하도록 도와주고 있습니다. 기숙사가 있는 회사는 그곳에서 숙식 제공받기도 합니다. 그중에서 창국(가명)이라는 청년이 있는데, 자전거를 타고 싶어서 자전거로 출퇴근했다고 합니다. 그날 밤도 야근하고 자전거를 타고 퇴근하다가 차 사고로 혼수상태라고 합니다.
　벌써 2주일 흘렀는데. 의사 말로는 기적이 있어야 한대요. TV 방송에서 나오는 광고가 생각납니다. 6살 어린이의 동생이 소아암에 걸렸는데, 기적이 있어야 낫는다는 엄마의 말을 듣고, 돼지 저금통을 들고 약국에 갔습니다.
　"선생님, 기적 주세요." 약국 선생님은 무슨 말인지 몰라서 물었습니다. "뭐라고." 저금통을 내밀며 확신에 찬 목소리로 다시 말했습니다. "기적 주세요. 엄마가 기적이 있으면 내 동생의 병이 낫는데요." 초롱초롱한 형님의 맑은 눈동자에 나도 모르게 눈물이 났습니다. 그래요, 왜 기적을 팔지 않습니까? 모든 것을 다 팔면서. 장사꾼은 이익이 되는 것은 무엇이든 만들어 팔면서….

그들은 보통사람보다 단순 작업 일을 합니다. 대신 월급이 그만큼 적습니다. 그러나 직업에 대한 긍지가 대단하고, 얼마나 열심히 일하는지 모릅니다. 누구의 도움 없이 자력으로 돈을 벌고 생활하는 그들을 보면, 어떤 때는 그들보다 부족한 게 하나도 없다고 생각하는 자신이 오히려 부끄러울 때가 있습니다.

창국이는 복지원에 있는 같은 친구인 철수가 결혼한 것 보고, 꿈을 가졌습니다. 그래서 월급은 적지만 아끼고 아껴서 이제 조그만 아파트를 마련했는데. 아직 시작도 안 했는데. 너무 안타깝습니다. 기적이 있어야 한다고 하는데.

세상은 온통 기적의 순간이지 않습니까? 걸을 수 있도록 기도하는 사람이 있지요. 거리에는 온통 그 기도가 이루어진 것처럼 걷는 사람으로 가득 차 있지 않습니까? 볼 수 있도록 기도하는 사람이 있지요. 밖에는 온통 그 기도가 이루어진 것처럼 보는 사람으로 가득 차 있지 않습니까? 어쩌면 그런 기도하는 사람이 있기에 기적 같은 일이 그저 일상의 평범한 삶같이 일어나고 있지 않은지요. 평범한 우리는 모든 것이 어쩌면 기적 같은 삶인데. 기도하는 사람의 사랑을 모르고 있으니, 또 한 번 부끄럽지 않을 수 없습니다. 기적은 파는 것이 아니지만 그렇다고 없다고 단정할 수도 없을 겁니다.

주위에 사업을 하다가 망해 빈털터리가 되었다가 몇 년 후, 기적같이 성공한 사례를 듣습니다. 그 밑바탕에는 분명히 실패한 것을 씨앗으로 하고, 다시 일어서기 위해 밤낮으로 물을 주고, 가슴으로 따뜻하게 품어주고, 그 결과 싹이 트고 열매가 맺었다는 것을 확신하지 않을 수 없습니다. 그런 것을 기적이라고 부르고 싶습니다. 로또 복권 당첨되어서 수억의 상금을 탄 것을 기적이라고 부르고 싶지 않습니다. 과거에 자신에게 올바른 삶을 투자한 사람은 빈털터리가 되어도, 다시 그것이 밑거름되어 새로 열매 맺는 것을 기적이라고 부르고 싶습니다.

　기적이란 파는 것이 아니라 스스로 행동을 통하여 성취하는 것이라고 생각합니다. 기적을 구할만한 원인을 만들고 그것이 성숙하면 저절로 결과가 맺는 것, 이것을 기적이라고 부르고 싶습니다. 원인을 만들지 않고, 성숙하지 않으면 결과를 얻을 수 없습니다. 여기에 여러 가지 원인이 있지만, 분명한 것은 내가 개입되어 있다는 것입니다. 내가 기적을 만드는 겁니다. 그러려면 나는 최선을 다해 원인이 성숙하도록 노력해야 할 겁니다. 결과는 기다리는 수밖에 없습니다. 진심으로 기도하는 것도 좋은 방법이라고 생각합니다.

　전체 모임 때 복지원 모든 친구는 창국이가 완쾌할 수 있도록 기도를 했습니다. "크게 웃지도 않고, 조용한 웃음이 오히려 우리를 더 편하게 해 주었고, 우리가 아파할 때 아픔을 나누었고, 우리가 기뻐할 때 함께 기뻐해 주었고, 힘들 때 손을 잡아 주었던 창국이. 빨리 완쾌하여 우리 앞에 나와 모두가 얼굴을 보고 웃을 수 있도록 간절히 기도드립니다. 우리에게 용기를 주었듯이, 스스로 용기를 가지고 벌떡 일어날 수 있도록 다시 한번 간절히 기도드립니다."

첫 수업

옷을 입기 위해 단추를 끼운다. 생각을 놓고 첫 단추를 끼운다. 두 번째, 세 번째, 마지막 단추를 잡고 단추 구멍이 없어 못 찾을 때, 손은 어스름한 산속에서 길 잃은 산객같이 당황한다. 하지만 곧 다시 시작한다. 인생에서는 실수하더라도 자신의 옷 단추를 잘못 끼운 것처럼 가볍게 다시 시작하는 경우가 있고, 그렇지 못하고 방황하고 좌절하는 때도 있다. 대개 새로운 삶을 다시 시작하기가 쉽지 않다.

왜 인생은 잘못된 단추를 새로 끼우는 것처럼 쉽게 시작할 수 없을까? 인생은 아무리 사소한 일이라도 자신에게는 중요하지 않은 것이 없다. 매 순간 최선을 다하며 살아가지만, 실수를 피해 갈 수 없다. 실수하는 처음 그 순간을 안다면 멈추고 쉽게 재기할 수 있다, 하지만 어리석음으로 인해 마지막에 가서야 잘못을 깨닫기 때문에 낭패를 보기 십상이다. 시작의 어려움은 잘못을 마지막에 알기 때문이다. 그것으로 인해 물질적인 여력이 바닥이 나고, 무엇보다 마음을 지치게 한다.

더 중요한 것은 지나간 과거를 붙잡아 되뇌고, 다가오지 않는 미래를 두려워하고 희망이 없다고 판단한다는 점이다. 세월은 어떤 순간에도 멈추거나 좌절하지 않는다는 사실을 안다면, 잘못된 단추를 새로 끼우는 것처럼 쉽게 시작할 수 있는 용기를 낼 수 있을 텐데.

 글을 쓴다는 것은 쉬운 게 아니다. 더군다나 글 쓰는 방법을 배우려고 마음을 일으키는 것은 더 어렵다. 나는 평소에 내가 속한 모임에 두서너 달에 한번 부산의 활동 소식을 올리기 위해 글을 쓴다. 원고 청탁 연락을 받고 책상 앞에 앉으면 옛 시골 돌길을 털털거리며 굴러가는 수레에 탄 것같이 편치 못하다. 기어서 넘어가야 할 문턱같이 두려움이 하얀 백지에서 솟아난다. 소식지 쓰는 것을 다른 사람으로 바꾸어 보려고 하였지만, 잘못된 단추를 새로 끼우는 것처럼 쉬운 게 아니었다. 차라리 자신에게 도전장을 던지는 것이 마음이 편할 것 같았다. 즐거움이 고통의 가면을 쓰고 오지 않으리라는 법이 있는가.

 결심했다고 해서 쉽게 실행하는 것은 아니다. 시간, 경제적 여유, 현재 하는 일 등 일상생활의 틈을 비집고 들어가 문예창작 배움의 시간과 공간을 확보해야 한다. 일상에서 특별한 일이 없는데도, 새로운 시작이란 말은 마음을 여는 열쇠가 아니라 자물쇠같이 다가온다. 삼 년 전, 우울증에 빠져 심신이 완전히 지쳐 있을 때 나에게 힘이 되어준 것이 명상이다. 금요일은 명상의 날로 나에게는 일주일 중에서 다른 약속을 하지 않고 비워두는 보물 같은 요일이다. 그런데 문예 창작 수업의 시간과 명상 선원에 가는 날이 겹친다. 일상생활 자체가 명상이라고 하지만, 명상을 배우는 나로서는 선원에서 도반들과 함께 수행하고, 무엇보다 스승의 지도를 받을 필요가 있다. 삼 년 동안 지켜온 삶의 흐름을 바꾸기 쉽지 않지만, 하나를 시작하기 위해서는 다른 하나를 비워야 하지 않겠는가.

첫 수업이 있는 날, 초가을 속으로 가뭇없이 파고드는 뜨거운 햇살은 잘린 도마뱀의 꼬리가 발버둥 치듯 마지막 숨결을 거세게 내뿜고 있었다. 첫 수업의 긴장감도 덩달아 고조되는 것 같았다. 도로 입구에서 S대학 정문까지 가풀막은 웃옷을 벗게 만들고, 머리카락에 땀방울이 맺힐 정도였다. 아무리 숨을 할딱거려도 한 토막도 에누리 없이 길을 밟고 올라가야 한다. 배움의 길도 그러하지 않을까.

작은 교실 문을 열자, 정면에는 창문을 반 이상이나 가리는 하얀 칠판이 버티고 서 있고, 바닥에는 교실을 꽉 채우는 커다란 테이블은 뱀이 따리를 틀고 앉아 있는 것 같았다. 안으로 들어가는 순간 대여섯 명 여성분들의 눈이 일제히 나를 향했다. 깜짝 놀라 무의식적으로 가방을 의자에 던지듯이 두고 교실을 나왔다. 정수기의 시원한 물은 마치 세심정의 물을 마시는 것 같이 마음을 평안하게 하였다. 조용히 눈을 감고 수업을 기다렸다.

첫 수업이 열렸다. 첫 수업은 단순한 배움의 한 조각이 아니다. 문학이라는 포괄적인 의미를 함축할 수도 있지 않은가? 그만큼 첫 수업은 마지막 수업같이 의미심장할 수도 있다. 배움이 배움으로 끝나지 않아야 하듯이 첫 수업은 첫 수업으로서 끝나지 않았으면 좋겠다. 수업을 듣는 것만으로 수필이 되지 않듯이, 수필은 습작하는 인고의 시간이 필요하고, 무엇보다 수필적인 삶을 살아야 본격수필을 쓸 수 있지 않을까. 이런 어려움을 어떻게 견디어 나가야 할지 걱정이 앞선다.

첫 수업의 중요성은 일상의 반복에서 벗어나는 데 있지 않을까. 글쓰기가 일상의 반복이 되면 나태해지고 도태될 수 있기 때문이다. 잘 쓰는 수필, 수필가로 등단의 특별한 행위에 치중하다 보면 글 쓰는 재미를 잃어버리고 스트레스를 받을 수 있다. 첫 수업은 항상 미지의 세계를 배낭여행하는 여행자의 마음같이 특별하고 기이한 것을 찾는 것이 아니라, 일상의 의미를 재발견하는 것이야 한다. 일상이 반복되는 것은 끝을 올바르게 맺지 못하기 때문이 아닐까.

새로운 시작의 원천은 끝이다. 오늘의 첫 수업을 시작하고 끝나야, 내일도 오늘이 되면 새로운 수업을 시작하고 끝날 수 있다. 끊임없이 새로운 수업을 시작하고 끝낸다면, 끝은 끝이 아니라 새로운 시작이라고 할 수 있을 것이다. 그러면 일상의 반복에서 자유로울 수 있지 않겠는가.

프랑스 작가 알퐁스 도데는 '마지막 수업'에서 "오늘의 공부를 내일로 연기하는 것이 라자스 어린이 가장 나쁜 버릇이다."라고 말하면서, 흑판에 '프랑스 만세'라고 쓰고 마지막 수업을 마쳤다.

과연 마지막일까? 마지막 순간에서 다시 시작을 결심하는 것은 쉬운 게 아니다. 하지만 어떤 생각을 가지든 알든 모르든 종막이 있으면 서막이 있는 게 인생이 아닐까.

새로 온 친구

 오늘은 다른 날보다 무척 덥다. 바람마저 열기를 꽉 머금고 여인네의 치맛자락 같이 온몸을 감싼다. 땡볕에 오징어같이 굽힌 승용차 안은 마치 불가마사우나 같다. 온몸에 땀이 흐른다. 에어컨을 싫어하지만 어쩔 수 없이 스위치를 누른다. 거대한 할인매장인 홈플러스에는 대낮에도 사람들이 많다. 길거리에 사람들이 없는 이유 중의 하나가 아닌가 생각이 들 정도다.
 사회복지원 가는 날은 괜히 긴장되지만, 가까이 가면 긴장이 풀리고 마음이 설렌다. 꼭 집어서 뭐라고 할 것은 없지만 기다려 주는 사람이 있는 것만 같다. 인생의 경삿길을 오르다 보면 매일 싸우는 부부도 잘 싸우지 않는다고 한다. 사는 게 별 것 아니라고 생각하면, 싸우고 살기엔 인생이 너무 짧다는 걸 알게 된다. 사회복지원 가는 길의 막바지는 급경사다. 고지에 다다르면 바로 정문이다. 문에서 경식이가 손을 흔들면서 등나무 밑에 앉아 있는 친구들에게 고함을 지른다. 반겨주는 사람이 있다는 걸 확인하는 순간, 마음은 설렘에서 기쁨으로 바뀐다. 자원봉사를 누가 남을 위해서 한다고 했는가. 그렇다면 이 기쁨은 남의 기쁨인가. 자신의 기쁨과 다른 사람의 행복을 위해서라고 해야 하지 않을까.

　사무실에 과자와 사탕을 전달하고 등나무 밑에 바람을 쐬고 있는 애들에게 다가간다. 부모의 따뜻한 정을 못 느끼고 자라난 아이들에게 필요한 건 물질적인 도움보다도 따뜻하게 건네는 말 한마디가 소중하다. 이런 생각을 하며 나는 아이들과 대화하기를 즐기는 편이다. 경식이도 여느 아이들과 마찬가지로 나무 그늘에서 쉬고 있었다. 그는 입을 약간 어눌하게 열고, 얼굴의 표정은 변화가 적고, 웃음은 석고상처럼 굳은 채 웃어 자세히 보지 않으면 알기 어렵다. 전에는 반갑다는 표현을 나타내지 못했다. 그렇다고 마음이 닫혀 있는 것은 아닐 것이다. 단지 소통할 방법을 찾아내지 못했을 뿐이다. 요즈음은 조금 알아듣는지 '응', '응'하고 대답을 한다. 그는 맑은 눈을 가진 애달픈 사슴같이 평소에는 말이 없고 홀로 있었다. 그런데 어눌하게 말하는 경식이의 표정이 전보다 더 밝은 건 무엇 때문일까.

　경식이는 새로운 친구가 있다며 그 애를 나에게 소개해 준다. "새로 왔니?" "예." 약간 어눌하다. 분명하게 발음하는 것 같은데 알아듣기 어렵다. 몇 번 물어보니 자기가 안타까워서 내 손에 자기 이름을 적어준다. '이성호', "이성호 맞니?" "예" "몇 살이니?" "열 살입니다." 약하게 보인다. 유치원생 정도의 덩치이지만 초롱초롱한 눈망울과 또렷한 목소리는 누구 못지않다. 새로 온 기분으로 노래 한번 불러보라고 주문해보았다. 역시 고개만 숙이고 부끄러움을 감추려 하지만 감출 곳을 못 찾아 우왕좌왕하는 모습이 순진스럽게 보인다. 살며시 손을 잡아 주었다. 사회복지원의 친구들은 보기보다 나이가 많이 먹었다. 나이에 비해 병적으로 덩치가 너무 작다. 얼굴은 자세히 보면 나이티가 나는 애들도 있지만, 몸은 그렇지 못하다. 어린애들처럼 마음이 순수하니 늙지 않는지도 모른다. 사진을 몇 장 찍었다.

집에서 평상복으로 입는 개량 한복을 입고 참석했더니 사회복지원 친구들은 '왜 더운데 긴 옷을 입었느냐?' '이상한 옷을 입고 왔느냐?' 하면서 꼬치꼬치 캐묻는다. 평상시와 다른 옷을 입고 왔다는 것을 안다는 것은 지금까지 표현은 하지 않지만 나의 일거수일투족을 지켜보고 있었고, 관심이 있었다는 증거가 아닌가. 나는 그들이 나에게 관심이 없는 줄 알았다. 그런 게 아니라 나에게 변화가 없으니 관심을 표현할 거리를 찾지 못했을 뿐이었다는 것을 이제야 알았다. 자신이 자신에게 사랑과 변화를 줌으로써 다른 사람도 자신에게 사랑과 관심을 준다는 것을 안 것은 큰 보람이었다. 어쩌면 나는 사랑을 베풀러 가는 것이 아니라 사랑을 받으러 가는 것인 줄 모른다.

장애인과 비장애인, 모든 존재가 조건과 상황이 같을 수는 없다고 생각한다. 단지 다를 뿐이다. 그것뿐이다. 장애인이라고 몸과 마음이 장애라고 생각하면 잘못이다. 단지 비장애인의 일상생활에 적응하지 못할 뿐이다. 장애인은 자기들끼리는 장애가 되지 않는다. 오히려 불편한 친구의 도우미가 된다. 장애인의 생활을

장애라고 생각하는 것은 비장애인의 눈으로 보기 때문이 아닐까. 장애인은 비장애인이 붙인 이름일 뿐이다. 그러나 현실과 이상은 다르다. 그들은 스스로 자신의 세계를 이끌어 가기 쉽지 않다.

 회원들의 깊은 관심에 원장님과 선생님들은 항상 감사의 표현을 한다. 미안스럽게도 감사의 기쁨을 내가 받고 있다. 그런데도 울적할 적에는 복지원에 가기 싫어 미적대면 안 갈 궁리를 찾지 않았는가. 그때는 자신의 입 냄새를 자신이 모르는 것 같이 행복에 겨워 행복을 모르는 어리석음이라고 자책하며, 마음을 새롭게 다진다.

 법당은 백여 명의 애들과 십여 명의 선생님들이 앉으면 꽉 찬다. 그 열기가 얼마나 대단했던지 에어컨을 틀어도 법당 안은 덥기만 하다. 법회 순서 중에는 약간 긴 '어린이 발원문'이라는 게 있다. 진행하는 아이들이 발원문 순서를 빼고 지나친다. 고놈들 날씨가 더우니 빨리 끝내려고 빼먹는구나. 아이들은 언제나 어디에서나 똑같다.

 얼마나 더웠으면 순서에 들어 있는 '어린이 발원문'을 안 하고 지나쳤을까. 아이들의 심정을 읽은 나는 부처님의 가르침에 대한 설법을 길게 말할 수도 없었다. 부처님의 경전 중의 하나인 백유경에 나오는 어리석은 신하의 행위를 탐진치 삼독에 비유한 내용으로 바꾸어 아이들이 알아듣기 쉽게 설명하고, '욕심내지 않고 성내지 않는 착한 사람이 됩시다.'라고 크게 고함을 지르며 세 번 따라 하게 하고 법회를 마쳤다. 그들의 마음을 읽어 일찍 법회를 끝내주어서인지 오늘따라 아이들의 합창 소리가 유난히 크게 들린다.

정말 더운 날씨다. 새로 온 성호에게 더운데 수고 많았다고 말을 건네니, 순진한 미소를 지으며 고개를 흔든다. 나의 말 한마디가 성호에게 청량제가 되기를 기원하면서 곁에 서 있는 경식이를 쳐다보니, 그도 묘한 미소를 흘린다. 더운 건 어른에게도 아이에게도 마찬가지다. 어휘력이 약한 이 아이들이 부처님의 말씀을 얼마나 잘 알아듣고 이해하는지 나는 잘 모른다. 그러나 법회 내내 진지한 표정을 잃지 않는 아이들의 표정에 부처님이 정좌하고 있음을 볼 수 있다. 비장애인들도 누구나 잠재적 장애인이다. 언제 어디서 어떤 사고를 만날지 모르지 않는가. 이런 생각을 하면서 나는 그들의 가장 가까운 친구이기를 주저하지 않는다.

사회복지원 친구들이 덥지만 짜증 내지 않고 기쁜 하루를 맞이하기를 관세음보살님에게 기도하면서 숫타니파타에 나오는 "알라바카 야차"를 암송한다.

"이 세상에서 사람에게 으뜸가는 재산은 무엇입니까.
어떤 선행이 안락을 가져옵니까.
참으로 맛 중에서 가장 맛있는 것은 어떤 것입니까.
그리고 어떻게 사는 것을 최상의 생활이라고 할 수 있습니까?"
스승은 대답하셨다.
"이 세상에서 믿음이 으뜸가는 재산이다.

덕행이 두터우면 안락을 가져오고,
진실이야말로 맛 중의 맛이며,
지혜롭게 사는 것이 최상의 생활이라 할 수 있다."

악어와 악어새

홀가분하다. 복지원 자체 행사가 있어 법회를 할 수 없다고 전화가 왔기 때문이다. 모든 준비를 다 해 놓았는데, 짜증이 날만한데 오히려 매듭이 풀린 것처럼 시원하다. 무엇이 나를 붙잡고 있었단 말인가.

복지원에 가는 날이 가까이 오면 원생들에게 무슨 말을 해 주어야 할지 마음이 설렌다. 대개 백유경에서 자료를 찾지만 잔인한 비유가 있어 원생들에게 설명하기 부적합한 내용이 많다. 그 중에서 '악어와 악어새'를 찾아 나름대로 쉽게 설명하도록 간추리고, 다른 예문을 찾기 위해 헤아려 본다.

처음에는 복지원을 방문하기 위해 두 번째 일요일을 비워 둔다는 것 자체가 부담되었다. 그렇다고 복지원에 가서 특별한 일을 하는 것은 아니다. 후원품이나 배달해 주는 정도이다. 아무런 의미가 없는 것 같아 포기하려 한 적도 있었고, 가기 싫어 망설일 때도 있었고, 몸이 아프고, 친구와 약속 등이 있을 때는 심란할 때도 있었다.

하지만 복지원의 정문에서 반갑게 맞이해 주는 원생들을 보면 잘 왔다는 생각이 든다. 그러나 내가 해 줄 수 있는 것은 아무것도 없음을 아는 순간 부끄러움이 일어난다. 몇 년이 지났지만, 예나 지금이나 별일 없음은 마찬가지다. 이제는 그런 망설임과 의미를 찾을 시기는 지났고, 거의 일상생활이 되었다고 생각했는데. 얽매임에서 벗어나는 듯한 기분은 어디서 오는 것일까. 일상생활의 흐름에 복지원 친구들을 위하여 봉사해야 한다는 마음에 무게가 실렸다는 증거가 아닐까. 그래서 반복적인 일상의 속박에서 벗어난 기분을 느꼈을지 모른다. 아니면 나도 모르는 보상 의식이 무의식 속에 스며들어 있었던 게 아닌가 하고 고개를 갸웃거려본다. 복지원 가기 전날은 부담스럽지만 오히려 당일은 마음이 가볍다.

언젠가 원장님과 대화 중에 복지원에 도와드리지도 못하고 미안스럽다고 얘기를 한 적이 있었다. 그때 원장님은 "복지원에 오신 것만으로 원생들은 기뻐합니다. 그들은 항상 보는 사람만 보니까, 일주일에 한 번이라도 다른 얼굴을 보는 것만으로 새롭고 행복합니다."라고 말씀하였다. 부끄러웠다. 더 많은 것을 도와드리려고 하는 것도 욕심이다. 그 욕심은 자신을 괴롭히고 더 봉사 활동을 못하게 하는 원인이 될 수 있으리라. 원생들은 바라는 것이 아무것도 없다. 그저 만남뿐이다. 많은 사람을 만나면서도 새롭다는 생각을 해본 적이 있는가. 그들이 나에게 새로운 행복을 주는 얼굴이라고 생각을 해본 적이 있는가. 다시 감추어진 부끄러움이 솟아오른다.

라이온스클럽 창시자 멜빈 존슨은 '행복은 봉사하는 것이다.'라고 말했듯이, 봉사 자체가 기쁨을 주는 것은 사실이다. 봉사는 매일 하는 행위가 아니고 특별한 행위이므로 봉사하는 날은 행복할지 모르지만, 다른 날은 그렇지 못할 수 있다. 매일 행복하려면 매일 특별한 행위를 해야 하는데 쉽지 않다. 봉사가 삶의 발전에 도움은 되겠지만 봉사 자체가 삶의 무게로 다가와 괴로울 수도 있다. 봉사가 특별한 행위가 아니라 일상생활과 같이 되어야 한다. 그래야 속박에서 벗어나 늘 기쁨이 있는 생활을 할 수 있을 텐데.

복지원에 가지 않아도 된다는 연락을 받고 처음에는 홀가분한 기분이었는데 갈수록 오히려 마음이 무거워진다. 그것이 어느새 일상으로 자리 잡은 모양이다. 마치 밥을 먹고 양치질하지 않는 것처럼 찝찝하다. 다음 날 슈퍼에서 과자, 사탕 등 후원 물품을 사서 복지원을 방문했다. 일상의 한구석이 빠진 것처럼 마음 한구석이 허전했기 때문이다. 평소에 지겹도록 가까이 있는 사람도 어딘가 떠나면 허전하고 보고 싶듯이, 일상의 사랑은 기쁘지도 슬프지도 않지만 늘 함께 하는 것이 아닐까 하는 생각이 든다.

사무국장과 여러 선생님들이 반갑게 맞아 주신다. 일요일에 잠깐 얼굴만 보다가 평일의 여유 있는 시간에 보니 대화도 자연히 길어진다. 복지원에 관한 여러 가지 애로 사항과 자원봉사에 관해서 나누었지만, 그중에서 마음을 아프게 한 것은 성인이 되어 외부로 취직하여 나간 원생들의 이야기이다. 복지원 친구들은 성인이라 할지라도 홀로 사회 적응이 어렵다. 그래서 복지원에서 관리하고 보호해준다. 문제는 그들이 법적으로 성인이라고 복지원을 속박의 대상으로 생각하고 끈을 스스로 끊어 버리는 데 있다. 독립적으로 사회 적응이 안 되는 친구는 얼마 못 가서 빈털터리가 되고, 취직도 안 되고, 거리에서 방황하게 되는 경우가 있다고 한다. 다행히 복지원으로 들어오면 다시 시작할 수 있지만 ……. 작은 속박을 이겨내지 못하고 준비되지 않은 채 거친 벌판으로 나간 그들을 살갑게 보호할 수 없는 현실이 안타깝다. 의지할 곳도 없고, 더 나이가 들고, 병이 들면 시립병원의 행려병자실에 입원하게 될 수밖에 없는 실정이다.

복지원을 가족으로 생각하고 의논하며 일을 하는 친구들은 직장에서도 인정을 받고, 저축도 하고, 생활도 안정되어 결혼할 마음의 준비까지 하고 있단다. 너무나 큰 생활의 차이에 마음이 더 아리고 시리다. 앞의 친구들은 보호할 수 있는 어떤 제도들이 없으니 정신지체장애인들이 사회에 나와도 적응하지 못하고 낙오하기 십상이다. 일반인도 적응하지 못하고 실업자나 노숙자로 변해가는 형편이니 그들은 오직 하겠는가. 옆에서 조그만 도와주어도 능력을 발휘할 수 있는데. 만물은 스스로 해결 능력이 있다는데 하물며 인간이 헤쳐나갈 능력이 없겠는가. 현 사회는 그들을 도와 줄 능력이 없다. 아니 능력이 없는 것이 아니라 여유가 없다. 우리가 원생들이 능력을 발휘할 수 있는 공간을 만들어 주지 못하는 것은 자기의 발등만 쳐다보고 좇아가는 좁은 시야 때문이 아닐까.

　복지원은 원생들이 있기에 존재한다. 원생들은 복지원이 없으면 사회 적응이 어렵고 갈 곳을 잃는다. 복지원이 집이요 고향이다. 복지원의 원생들이 있기에 자원봉사자가 있다. 마찬가지로 비장애인이 있기에 장애인이 있다. 악어새는 악어의 이빨에 낀 찌꺼기를 청소한다 생각하지 않을 거고, 악어는 악어새에게 먹이를 제공한다 생각하지 않을 것이다. 누가 누구를 위한다는 생각은 위선이 아닐까. 우리는 단순하게 자신에게 주어진 삶을 살아가는지 모른다. 악어와 악어새는 공생함으로써 각자의 존재를 확인하는 게 아닐까.

마지막 밥상

사각의 링에 올라온 선수는 서로가 밥이다. 넌 내 밥이야 하며 외치는 선수의 눈은 사나운 짐승을 닮았다. 배고픔의 눈빛이 아니라 야성의 광채가 빛난다. 그 광채로 채워진 사각은 언제 폭발할지 모르는 시한폭탄 같다.

사각 안에 또 다른 자기를 밀어 넣고, 자신은 사각 밖에 있는 의자에 깊숙이 온몸을 맡긴다. 거기엔 어둠과 빛, 침묵과 환호성으로 어지럽다. 이름을 부르면, 자신의 얼굴이 박힌 스크린이 좌우로 열리면서 또 다른 자신이 나온다. 빛 따라 길이 생기고 사각의 링에 빛이 멈춘다. 링 안에는 폭발 같은 야성을 가진 늑대가 먹이사냥이라도 하는 듯 포효하고, 사각의 언저리에는 환희의 순간을 기다리는 눈빛이 있다.

사각에서 밀리면 절벽이다. 절벽에 떨어지지 않기 위해서 깊은 곳에 숨어 있는 야성의 힘을 일으켜 세운다. 한 번 포효하면 자신도 제어할 수 없는 강렬한 눈빛과 구릿빛 근육질의 몸매를 가진 두 얼굴의 사나이가 된다. 사각의 링은 또 다른 나의 모습이다.

탐색전도 없다. 시간을 끄는 지루함도 없다. 속전속결이다. 연타를 날릴 때마다 '와! 와! 와!' 사각을 꽉 채운다. 그는 쓰러졌다. 기다렸다는 듯이 일어나는 화산의 폭발 같은 아우성. 선 자와 누운 자는 있지만, 승자와 패자는 없다. 오직 환희의 순간만 있을 뿐이다. 환호는 분노의 폭발과 같다. 자기 속에 또 다른 자기를 부순 후 일어나는 오르가즘 같은 것 말이다. 그래서 격투기를 즐기는 것일까.

단순한 즐거움을 위해 사각의 링을 구경하는 것만은 아닐 거다. 또 다른 자기를 사각에 넣고 승리의 순간을 맛보기 위해서다. 더 강한 것을 추구하는 우리의 탐욕은 자신보다 강한 자들의 싸움에서 흘린 피를 보고, 자신이 승자가 된 것처럼 기뻐하는 것은 아닐까. 하지만 누가 승리하든 관계없다. 승리자는 항상 자신이 밀어 넌 또 다른 자신이기 때문이다. 경기가 끝나면 숨 쉴 틈도 없이 바로 다음 경기가 이어진다.

요즘 격투기는 단순히 누가 강한가를 가리는 싸움에 지나지 않고, 로마 시대 지배계급이 권력을 지키기 위해 콜로세움에서 검투사의 싸움을 볼거리로 제공한 것과 다를 바 없다는 시각이 있어 자성의 목소리가 나오고 있다고 한다. 삶은 이기기 위하여 사는 게 아니듯이 경기도 그렇지 않을까. 반드시 승리자 되기 위해서 싸워야 한다면 그는 공공의 적이다. 적이 생기면 이기기 위해서 우리는 자신도 알 수 없는, 제어할 수도 없는 힘이 솟아오른다. 그 힘의 근원은 어디일까.

사각이다. 사각의 링만 사각이 아니라 밥상도 사각이다. 링에 선 스프링 같은 환희가 있지만 밥상에는 깊은 바다의 고요함이 있다. 그러나 그 속에는 바다 자신마저 덮을 엄청난 맥동이 흐른다. 그것은 건전지가 떨어지면 로봇이 멈추고 새로 충전하면 움직이는 생명 같은 것이다. 우리의 생명은 고래 힘줄처럼 질기다. 하지만 에너지가 떨어지면 로봇같이 기능이 멈출 정도로 단순하다. 밥심으로 일하고, 곡기가 들어가면 들어간 눈꺼풀이 튀어나온다고 하지 않는가. 밥심은 에너지며 생명이다. 밥상은 생명의 공급처며 생명 그 자체다.

밥상은 밥을 편하게 먹기 위하여 만들어졌다. 우리는 필요로 물건을 가지지만 어리석은 우리는 어느새 소유를 위해 소유를 하듯이, 단순히 밥을 놓기 위한 탁자가 즐거움의 장소로 바뀌고, 나중에는 축적의 즐거움을 위해 축적한다. 에너지의 과잉은 육체의 비만뿐만 아니라 마음의 비만까지 만들어 모든 감각이 둔해지고, 어지간한 맛으로는 만족힐 수 없다. 맛의 욕구는 끝이 없다. 사각을 탐하기 시작하면 상다리가 부서지도록 채운다. 밥상은 밥상이 아니라 에너지를 가두는 금고가 된다.

맛에 길들여지면 사각의 테두리는 무쇠의 철창보다 강대한 힘을 가진다. 그 힘은 새로운 나를 만든다. 철창 속에 자신을 스스로 가두고 족쇄를 채우고 검투사처럼 사육한다. 사각에 갇힌 그는 칼춤으로 울분을 달래보지만, 철창에 부딪히는 날카로운 쇳소리만 되돌아올 뿐이다. 이젠 비록 배고프고 외롭더라도, 도둑고양이라고 불리더라도 하늘을 향해 마음껏 울부짖을 수 있는 광야로 나갈 거다. 철창을 부수고 족쇄를 풀고 나갈 거다. 자신이 만든 것은 자신이 부셔야 한다.

청년회 활동 시절, 선거 때라 공공장소에서 집회할 수 없어 내 집에서 모였다. 갑작스러운 회원들의 방문에 아내는 당황했고, 그 탓인지 회의 중에도 찌푸린 얼굴이 역력했다. 나는 회의 보다 아내의 눈치를 보면서 올라오는 화를 억누르기 바빴다. 분노는 분노를 먹고 자라기 시작했다. 격투장의 철장 문이 열리기를 바라보는 검투사처럼 회의가 끝나기를 기다렸다. 회원들이 간 후에 난 폭발하고 말았다. 무려 세 개나 되는 큰 밥상을 다 부수었다. 분노하고 있는 추한 모습을 발견하고 안타까운 듯이 바라보는 또 다른 내가 있었다. 분노하는 그 모습은 낯이 익었다. 어디서 본 것일까. 사각의 링에서 포효하는 그 얼굴이 아닌가.

부끄러웠다. 부서진 상을 치우면서 부서진 또 다른 나를 보았다. 상을 치우는 것이 아니라 나를 치우는 거다. 이젠 사각에 갇혀 분노하는 나는 없을 것이다. 이젠 욕구를 차릴 밥상이 없으니 분노할 이유도 없기 때문이다. 분노하는 마지막 밥상이었으면 좋겠다.

화순 적벽

계획 없이 사는 것이 유유자적하게 사는 것 같지만, 대개 자신의 욕망에 따라 산다. 욕망은 탐욕이 되고 드디어 집착하게 되고 마음은 피폐해질 수 있다. 많은 사람이 그렇게 산다. 자연인은 자연의 순리에 맞추어 산다고 하지만, 어쩌면 자연을 핑계 삼아 자신을 속박하며 자기 생각대로 사는지 모른다.

계획이 있을 때 계획의 중요성은 욕망의 강도에 따라 다르다. 계획대로 살면 되지만, 문제는 계획의 실천이 마음대로 되지 않고, 방해받아 저지될 때 화가 치밀 수 있다. 즐겁고 충실한 삶을 위해서 계획을 세우고 실천하는데, 화의 원인이 된다면 잘못된 것이다. 원인은 계획과 실천의 잘잘못에 있는 것이 아니라 계획에 집착하기 때문이다.

마음을 비우고 모든 것을 내려놓았다고 하더라도, 속이 시원하지 않고, 찜찜한 마음은 맑아지지 않는다. 흐린 하늘이 갑자기 맑아지지 않듯이, 감기에 걸린 사람이 한 번 약을 먹는다고 단번에 낫지 않듯이, 이런 증상은 보통 사람에게는 정상이다. 끊임없이 산란한 마음을 알아차리고 다스려야 한다. 그리고 새로운 계획을 실천하도록 행동해야 한다. 행동하면 어느새 마음이 바뀐다는 것을 알 수 있다.

그동안 계획을 세워 놓고 차일피일 미루다가, 에라 모르겠다는 심정으로 화순 적벽을 찾았다. 아침 8시 출발할 때는 비가 부슬부슬 왔는데, 마산 톨게이트 근처에 들어서니 빗방울이 요동을 치고, 사위로 날려 차가 달릴 수가 없을 지경이다. 날짜를 잘못 선택했는가 하고 걱정이 일어난다. 11시 넘어서야 겨우 도착했다. 다행히도 화순은 비가 그쳤다.

조광조 유배지를 방문했을 때, 그곳은 비가 온 뒤라 청정하게 보였다. 유배지는 서너 평 초가집이었다. 절명시絶命詩를 바라보며 조광조를 생각했다. 흐린 날씨는 유배지에서의 조광조의 마음과 다르지 않을 것 같다. 37세의 젊은 나이에 돌아가셨다. 왕과 백성을 위해서 올바른 길을 가려고 앞만 바라보고 달려온 그였지 않은가. 그는 무엇 때문에 하나뿐인 목숨을 초개같이 버렸는가. 심지어 가족의 안위까지 위험한 줄을 알면서 어떻게 자신의 신념대로 살 수 있었는지 모르겠다.

그는 화순에 있으면서 적벽을 방문했다. 적벽은 조광조의 마음같이 쭉 뻗은 푸른 대나무 같았다. 그곳에 푸른 바람이 불고 새로운 기운이 일어난다. 조광조는 하늘을 찌르는 듯한 대나무 같은 적벽을 바라보며 무엇을 생각했을까. 새로운 정치를 생각했을까. 삶의 무상을 느꼈을까. 자신이 죽는 줄 알았을까.

유배지에서 그는 다음과 같은 '절명시'를 남기고 사약을 받았다. "임금 사랑하기를 아버지 사랑하듯 하였고. 나라 걱정하기를 집안 근심처럼 하였다. 밝은 해 아래 세상을 굽어보사. 내 단심과 충정 밝디 밝게 비춰주소서."

적벽의 아름다운 때문일까. 방랑으로 인해 병들고 노쇠해진 심신 탓일까. 평생을 방랑 생활을 하면서 지냈든 김삿갓은 화순을 세 번이나 찾았고, 그곳을 마지막 장소로 선택하고 죽음을 맞이하였다. 이런 곳이 적벽이 있는 화순이다.

김삿갓은 적벽을 바라보면서 무슨 생각을 했을까. 적벽 같은 대붕의 날개를 달고 하늘로 솟아오르는 꿈을 꾸었을까. 바람 같은 삶을 후회했을까. 마지막 6개월 동안 화순에 정착해 살면서 그의 마음은 어떠했을까. 망미정에서 바라보는 들판은 작고 평범하다. 그런데 망미정望美亭이라고 부른다. 자유를 찾아 일탈을 찾아 전국을 누비든 그가, 평범한 일상과 같은 작은 벌판을 바라보면서 진정 아름다움·자유·일탈을 보았다는 것은 어떤 의미일까. 그런 것은 특별한 데에 있는 것이 아니라는 것이다.

조광조와 김삿갓은 적벽인赤壁人이다. 적벽인이 적벽을 바라본다. 세상을 적벽같이 만들고 싶었다고. 그런 그가 적벽이 되어 적벽에서 떨어질 줄 어떻게 알았겠는가. 어쨌든 곧고 곧은 조광조도 적벽을 보면서 아름다움에 빠졌고, 방랑시인 김삿갓도 적벽의 아름다움에 자리를 떠나지 못했다. 적벽은 그들을 쳐다보면서 뭐라고 했을까.

적벽은 조선 10경 중의 하나라고 하는데. 조광조의 절명시와 김삿갓의 방랑의 시가 눈꺼풀을 막아서인가. 아니면 중국의 적벽과 비교해서인가. 학자와 시인들은 적벽의 아름다움을 찬탄했지만 나는 아름다운 감흥이 일어나지 않는다. 천하의 적벽이라 할지라도 특별한 것과 비교한다면 어찌 아름답고 웅장하다고 할 수 있겠는가. 아름답지 못한 것은 화순 적벽이 아니라, 있는 그대로 보지 못하는 나의 안목 때문이다. 비교하고 특별한 것만 보려는 욕망 때문이다.

김삿갓은 방랑과 자유의 눈으로, 조광조는 곧은 눈으로, 나는 나의 눈으로 보는 것이 있는 그대로 보는 거다. 비교하는 눈으로 보지 말라는 거다. 화순 적벽은 오직 우주에 하나밖에 없다. 나의 입맛은 살아서 옳다 그르다 온갖 말을 하지만, 조광조의 절명과 곧은 심성이 없고, 김삿갓의 방랑과 자유의 감흥이 없기에 깊은 눈맛으로 보지 못한다.

화순 적벽이 아름다운 것은 적벽 자체에도 있지만, 조광조의 대나무 같은 쭉 뻗은 기상과 김삿갓의 하늘로 펼친 대붕의 날개를 품었기 때문이 아닐까.

> 평론

행복한 삶을 위한 철학 에세이
- 김병국의 『보리밥 한 그릇과 막걸리 한 잔과 햇살 한 조각』을 읽고 -

| 문학평론가 | 이윤희 박사

행복이란 무엇인가

  오랜 세월 많은 사상가들은 행복에 관해 자신의 견해를 밝혀왔다. 철학자 아리스토텔레스는 덕의 실천을, 니체는 자기 초월을 과제로 제시했다. 그럼에도 우리는 행복사냥꾼을 자처하며, 투자와 소비에 매달렸다. 남들보다 유리한 입지를 차지하는 데 혈안이 되어, 행복의 참의미를 상실하고 말았다. 그 이유는 무엇일까. 행복 자체를 목적으로 여기는 어리석음 때문이다.
  그렇다면 행복은 어디에서 비롯되는가. 선조들의 지혜뿐 아니라 성인들의 가르침에도 행복에 관한 이치는 남아있다. 가령 불교에서는 고통과 관련해 행복을 말한다. 인간의 분별심이 낳은 집착이 고통의 원인이 되는 것이다. 그렇다면 고통의 고리를 어떻게 끊어야 할까. 무아의 경지를 이해하고, 실체가 없음을 자각해야 한다.

김병국의 수필집 『보리밥 한 그릇과 막걸리 한 잔과 햇살 한 조각』은 이러한 불교적 세계관을 전제로 한 작품이다. 그는 생태주의적 관점에서 존재의 특성을 밝히고, 이상적 삶을 위한 자세를 연구했다. 자연주의적 가치관을 바탕으로 인간과 자연을 유기적 관계로 파악했다. 그 뒤 존재의 아름다움을 밝히고, 공존과 협동의 가치를 실현하기 위해 노력했다. 본 도서는 이러한 일련의 과정에서 파생된 결과물이다. 자연의 아름다움을 노래하고, 자신의 참모습을 찾으며, 행복을 찾아가는 삶의 방식을 소개하는 책이다. 생태주의적 관점을 바탕으로 너와 나의 경계를 없애는 구도자적 삶을 지향한다는 점에서 철학적 향기가 짙은 작품이다.

자연에서 길 찾기

자연과의 공존을 이상적으로 본 이유는 뭘까. 자연은 무엇에도 의존하지 않고, 스스로 그러한 존재로서의 가능성을 실천하며 사는 존재다. 반면 인간은 어떤 의도나 목적을 가지고, 대상을 간섭하거나 지배하려 한다. 내면의 결핍은 욕망을 만들고 외부적 갈등은 사회 혼란을 초래한다. 사회적 균열은 마음의 번뇌와 육체적 고통을 안겨주며, 갈등의 씨앗이 된다. 그러나 해결하지 못할 문제란 없다. 자연과 조우를 통해 내면의 그림자를 정화하고, 새로운 에너지를 찾을 수 있다. 자연의 순리를 따르며 욕망의 고리를 끊는다면 내적 평화를 얻을 수 있지 않을까.

> 밀물도 놓았다. 썰물도 놓았다. 죽음도 욕심인지 모른다. 마냥 밀려오는 파도를 웅크린 고슴도치같이 칼날을 세우고 막고 있을 뿐이다. 그것이 유일한 기다림인 것처럼. 먼 별빛은 어둠 속 깊이 돌아앉은 놈을 품으면서 말한다. 피할 수 없는 당신만의 밀물이라고… 그렇다면, 이젠 등짝으로 파도를 막지 않으리라. 칼날을 거두고 비록 숭숭한 빈 가슴이더라도 당당하게 부딪히리라. 무섭고 부서지더라도 두 눈을 똑바로 세우고 파도를 놓지 않으리라. 밀물도 나의 삶이 아닌가. 밀리더라도 슬픔을 품고 가리라.
> ―「밀물의 한 가운데에서」 ―

작가는 텐트집과 여성을 관조적인 시선으로 바라본다. 시레저수지 둑길에 위태롭게 서 있는 외딴집은 낭떠러지에 걸려 있듯 아슬아슬하기만 하다. 막다른 길인지 밀려온 것인지 알 수 없는 의문스러운 집 한 채. 그는 엉성한 비닐과 검정 차단막으로 둘러싼 집 앞의 여성을 지그시 바라본다. 여인을 향한 시선은 행복의 일상성을 드러내는 관점으로, 찰나의 순간이 곧 삶의 여유가 되길 바라는 마음을 반영한 것이다.

작가는 무료급식소와 관련해 사람들의 심리를 추측해 본다. 음식을 먹는 행위는 허기진 배를 채우기 위한 생존의 문제만은 아니다. 삶의 정당성, 자기 존재를 인정받는 애정의 문제다. 무료급식은 그리움의 대상이 되고픈 마음을 헤아려 주는 행위다. 삶의 풍파를 견디며 살아가는 그들에게도 사랑과 희망의 손길이 필요하지 않겠는가. 작가는 작품 초반에 소외된 사람들, 즉 텐트집 여성과 무료급식소를 찾은 사람들을 연결하여, 고단한 삶의 궤적을 만들어낸다.

「밀물의 한 가운데에서」는 인간사를 자연 현상인 바다에 빗대어 설명한다. 비극적인 상황을 밀물에, 내면의 강인함을 고슴도치로 표현한다. '밀려오는 허무의 올가미에 목을 매달 수밖에 없었던 상황'에 공감하면서 안타까운 마음을 서술한다. 동시에 '밀려오는 파도를 칼날을 세운 채 막아내는 고슴도치'로 표현하면서, 모두가 삶의 여정에 당당히 맞서길 응원한다. 무엇보다 중요한 것은 밀물이든 썰물이든 그 본질은 변하지 않는 데 있다. 삶도 마찬가지 아닐까. 고통도 삶의 일부분이라면, 그 사실을 받아들이는 순간 맞설 힘이 생긴다. 자신의 의지로 막을 수 없다면, 그 흐름에 자신을 맡기는 것도 혜안이 될 것이다. 작가는 호화주택이든 텐트든 땅에 뿌리를 내린 건 매한가지니, 일상 속에서 아침을 맞이할 수 있는 순간에 집중하라고 말한다. 고통의 바다를 견뎌내는 자만이 행복의 씨앗도 심을 수 있는 법이니까.

> 한순간도 멈추지 않고 변화하는 흐름, 그게 그의 본성이다. 흐름은 멈춤이 없기 때문에 어느 한순간도 흐름이 아닌 것이 없다. 흐름 자체가 참 나다. 그런데 우리는 무엇인가 잡으려는 삶을 살기에 그것에 속박되어 자신의 정체성을 잃고 자기만의 의미를 찾기 위해 역류하려고 한다.

> 물은 아무리 움켜쥐어도 주먹 쥔 손안의 모래같이 빠져나간다. 흐름의 진리를 안다면 바다가 끝이 아니라는 것을 알고 두려움에서 자유로울 수 있을 텐데.
>
> – 「물은 흐른다」 –

　「물은 흐른다」는 백양산 정상에서 떠올린 상념들을 물 흐르듯 써 내려간 글이다. 변화무상한 인간의 특성을 물에 빗대어 형상화한다. 고통도 즐거움도 모두 지나간다는 삶의 이치를 자연을 통해 설명한다. 인간의 이상적 삶을 '이슬같이 순수하고 맑다', '서두르지 않고 끊임없이 이어진다'는 물의 본질과 관련짓는다. 맑고 깨끗하게 흐르는 물은 다툼이 없다. 이러한 물의 특성은 삶의 지혜를 터득한 자의 넋과도 같다. 많은 학자들이 노자의 상선약수上善若水를 들어 도를 설명한 이유도 여기에 있다. 작가는 물을 매개로 집착과 아집에 자신을 가두지 말라고 당부한다. 물이 끊임없이 흘러 바다에 이르는 것처럼 인생도 그 흐름에 맡겨보라는 의미다.

　우리는 길흉화복과 희로애락의 흐름을 막을 도리가 없다. 인간은 유한한 존재로 자연의 흐름에 역행할 수 없는 존재다. 그렇기에 한순간도 멈추지 않는 자연의 이치를 수용하라고 설득해야 한다. 인간이 자연의 진리를 터득한다면 번뇌의 고리를 끊어낼 수 있기 때문이다. 물은 생멸의 과정과 다르지 않기에, 존재의 본성과 삶의 이치를 밝히는 수단이 될 수 있다. 「물은 흐른다」는 자연을 통해 속박과 억압 속에서도 자유로워지길 바라는 마음을 담았다.

> 우주를 품은 풀잎 끝의 이슬방울은 끝을 모르는 흐름을 연다. 흐름은 흐름을 잉태하고 새로운 기쁨을 찾는다. 멈출 수 없는 환희는 어느새 삶의 멍에로 다가온다. 흐름은 자연의 삶이다. 멈출 수 없다. 멍에를 내리려고, 여울목에서 물거품을 일으키면서 격렬한 몸부림을 쳐본다. 하지만 거머리 같은 기억의 무게를 떨치기엔 역부족이다. 꼬리에서 솟구친 혈액은 머리에서 곤두박질치면서 폭포가 된다.
>
> -「폭포」-

작가는 폭포의 본질을 파헤쳐 수도자의 삶에 다가간다. 끊임없이 낙하하는 폭포의 형상을 고행에 빗대어 본 것이다. 폭포의 순환을 낙하, 반복, 자멸, 깨어짐, 새로운 종소리로 구분하는데, 그중 자멸은 자신에게 행하는 고행을 의미한다. 고행은 정신적 성숙을 얻기 위해 신체에 고통을 가하는 행위다. 신체적 고통이 아니더라도 아집과 편견을 깨는 행위, 즉 무아를 향한 내적 수양과도 연관된다. 폭포는 자멸하는 순간을 반복하는데, 이는 독선과 아집을 깨는 수행에 가깝다.「폭포」의 자멸은 생멸의 의미로 한정하기보다 자아를 깨는 과정, 종소리는 깨달음을 체득하는 순간으로 해석해야 한다.

폭포수를 뇌성, 벼락이라는 청각적 이미지로 표현한 이유는 뭘까. 속박과 경계에서 벗어나 자유를 만끽하는 순간에 집중하려는 듯 보인다. 고행은 자신의 틀을 깨부수는 행위이니 강인함과 끈질김이 요구될 것이다. 그런 의미에서 수행의 과정을 벼락에 빗댄 것은 예리한 판단이다. 자신의 아집을 깨고, 새로운 존재로 탄생하는 순간을 기록한 것이니, 그만큼 강렬하게 다가올 수밖에 없다. 단절과 충격은 새로운 잉태를 위한 출발점이 될 수 있다. 그러니 그 순간을 벼락으로 표현한 작가의 의도는 매우 명확하다.

⌀ 자연을 통해 성장하기

자연은 위대한 스승이다. 예술가들이 사색을 즐기며, 탐색전을 벌인 곳 모두 자연이었다. 레오나르도 다빈치를 위대한 관찰자라 부른 이유도 여기에 있다. 그는 온갖 자연물을 스케치로 남기면서 존재의 본질을 탐색하는 데 성공했다. 중국 철학자 노자는 스스로 세상과 공존하기를 바랐던 인물로, 존재에 대한 물음에 답을 구하기 위해 지연을 택했다. 중용과 포용의 원리를 깨우쳤으니, 위대한 창조자는 자연에서 탄생한다는 말이 틀린 게 아니다.

> 친근감이 들고 마치 나를 보는 것 같다. 산을 보면서 나의 참모습을 깨닫고 싶다. 십여 년 산행했지만, 아직 내가 나와 함께 있으면서 함께 있음을 모른다. 왜 그럴까. 무언가 찾으려 하고, 더 나은 내가 되려고 애쓰기 때문에 나를 발견하지 못하고, 그것에 얽매이는 게 아닐까. 있는 그대로 나를 보고, 지금-여기 그대로의 삶에 머무르자. 그건 발바닥과 산길의 접촉 느낌을 놓치지 않는 것이다. 그것만이 실재고 다른 것은 생

각이다. 그러나 산에 머물지 못하고 도시의 네온사인에 쌓여 방황하는 나를 어찌하랴. 침묵이 흐르고 바람 소리만 솔잎 사이를 흔적도 남기지 않고 지나간다. 무심코 바람의 흔적을 찾으려는 나를 발견한다.

- 「산과 나」 -

흔히 문학에서 인생을 산에 비유한다. 상승과 하강이 삶의 굴곡과 닮았기 때문이다. 산의 능선과 바위는 인간의 형상을 품고 있다. '등뼈와 같은 능선', '핏줄과 같은 산자락'은 인체의 유사성과 관련된다. 자연물인 바위를 '합장하는 바위', '주먹 바위'로 부르면서 인간에 빗댄 이유도 이와 같다. 본 작품에서 '마치 인간의 핏줄이 상호 연결되어 꿈틀거리는 것 같다'라고 표현한 것은 산의 생명력과 활동성을 강조하기 위해서다.

우리가 산을 만나는 진짜 이유는 뭘까. 그 본심은 자아를 발견하는 데 있다. 작가는 산길을 오르는 순간을 참자기와 만나는 지점으로 인식했다. 그는 진짜 자기와 만나는 시간을 생각과 감정이 비워지는 순간으로 기록하고 있다. 사색을 즐기는 그만의 방식일지 모르지만, 산을 인간의 삶과 연장선에 놓는다. 산의 본질을 탐구하면서, 삶의 이치를 깨달을 수 있기 때문이다. 자연을 통해 고통을 대하는 지혜를 배울 수도 있는데, 지친 영혼이 마음의 고향을 찾듯 치유의 공간이 되어 주는 곳도 자연일 것이다. 번뇌와 상처를 지울 수 없을지라도, 영혼을 살라 먹게 놔둘 수는 없다. 그렇기에 작가는 '기억은 실재가 아닌 과거고, 자동 습관적으로 생각에 사로잡혀 속박될 수 있다'는 점을 지적하며, 산행을 통해 새로운 나와 접촉할 것을 권한다.

> 누구라도 인생의 길에는 정상이 없는 사람은 없고, 오름과 내림이 없는 사람은 없다. 정상의 이름이 다를 뿐이다. 정상이 많은 과정 중의 하나라면 최종 목적지는 어디일까. 원점으로 다시 돌아오는 것이다. 산을 품고 내려오는 것이다. 정상을 품고 현재의 삶으로 되돌아오는 것이다. 산은 끊어지지 않는 대지의 흐름이고, 산행은 그저 길을 갈 뿐이다.
> ―「산행」―

「산행」은 산이 심신을 회복하는 치유의 공간임을 입증하는 작품이다. 먼저 산행은 몸의 근육을 키워 삶을 활기차게 만든다. 동시의 마음을 훈련시켜 회복탄력성을 강화하는 데 도움이 된다. 이를 증명하기 위해 작가는 산행을 처음 시작하게 된 계기를 밝히며, 수년 전 사업 투자 사기로 고통받았던 경험을 고백한다. 그는 화나는 마음을 해결하기 위해 산행을 택했고, 가파른 오르막을 내딛는 순간 생각의 단절을 경험했다. 마음의 짐을 내려놓기 위해 찾았던 산에서 다시 태어나는 기쁨을 얻은 것이다.

산행의 최종 목적은 정복이 아니다. 정상이 아닌 다시 원점으로 돌아오는 과정이다. 산을 오르는 행위는 가쁜 호흡, 신체적 고통이 따를지언정 마음의 정화와 영혼의 순수함에 이르는 구원과 같다. 고통의 무게를 잠시 내려놓고, 세상과 마주하는 힘을 획득하는 순간이기도 하다. 이 지점에서 우리는 인생의 굴곡과 마주할 용기와 지혜를 배운다.

> 맛에 길들면 사각의 테두리는 무소의 철창보다 강대한 힘을 가진다. 그 힘은 새로운 나를 만든다. 철창 속에 자신을 스스로 가두고 족쇄를 채우고 검투사처럼 사육한다. 사각에 갇힌 그는 칼춤으로 울분을 달래보지만, 철창에 부딪히는 날카로운 쇳소리만 되돌아올 뿐이다. 이젠 비록 배고프고 외롭더라도, 도둑고양이라고 불리더라도 하늘을 향해 마음껏 울부짖을 수 있는 광야로 나갈 거다. 철창을 부수고 족쇄를 풀고 나갈 거다. 자신이 만든 것은 자신이 부셔야 한다.
>
> -「마지막 밥상」-

「마지막 밥상」은 격투기 선수가 환희를 만들어내는 과정을 상세히 묘사한다. 승리에 굶주린 선수들의 모습을 '사나운 짐승', '시한폭탄', '사냥하는 늑대'로 서술하면서, 환희를 위한 열정과 용기에 박수를 보낸다. 한편으로는 삶이란 언제나 승자와 패자로 나눌 수 없음을 지적한다. 승리자가 되는 길은 공공의 적과 대적할 상황일 때만 가능하다. 작가는 누가 더 강한가를 가리는 로마시대 콜로세움을 예시로 들어, 제어할 수 없는 힘의 원천은 적을 굴복시키는 순간에 발휘되어야 함을 강조한다.

또한 밥상과 관련해 자신의 일화를 소개한다. '사각의 링'을 '밥상의 틀'로 치환하며, 격투기장으로 향하던 시선을 밥상으로 돌린다. 사각이라는 형상적 이미지를 그대로 수용하면서, 인간이 가지는 한계점과 일탈의 가능성을 제시한다. 가장 돌아가고 싶은 순간이 가장 후회했던 순간이라 했던가. 작가는 청년회 활동 시절을 떠올리며, 내면의 화를 억누르지 못해 밥상을 던진 기억을 떠올린다. 자신의 아집에 사로잡혀 아내 앞에 추한 모습을 보여준 것을 후회한다. 이를 통해 편견과 아집에서 벗어나 성찰하는 삶의 태도가 중요하다는 점을 강조한다.

⚘ 일상에서 행복 찾기

행복은 마음에서 비롯된다. 일상적 존재에 가치를 부여하는 순간, 평범함은 비범함으로 바뀐다. 아스팔트에 아슬아슬 피어있는 민들레, 햇빛 찬란한 소나무, 소곤소곤 잠든 아이의 미소까지. 어느 것 하나 평범하지 않은 게 없다. 그러나 모든 번뇌를 끊고 찰나의 아름다움에 집중할 수 있다면, 일상의 모든 것이 예사롭지 않게 보인다.

> 지나간 삶을 생각해보면 우리는 중요한 것, 특이한 것, 드라마틱한 것은 기억하기에 긴 시간 같이 느끼고, 사소한 것, 일상적인 것은 기억하지 못하기에 무상하게 느끼는지 모른다. 그런데 실제로 살아보면 특이한 사건은 순간이고, 일상적인 것이 대부분이다. 특이한 것도 곧 일상이 되고, 그렇게 원하는 일탈의 자유스러운 느낌도 순간이고, 곧 일상이 된다. 그만큼 우리 삶은 일상의 연속이다. 우리에게 정말 소중한 것은 기억에 남는 특이한 것이 아니라, 기억하지 못하는 사소한 것, 일상적인 것이 아닐까. 만약에 방송 드라마 같은 드라마틱한 삶을 산다면 과연 행

복할까.

-「일상과 무상」-

「일상과 무상」은 하산하며 느꼈던 감정과 생각들을 담았다. 하산을 원점으로 회귀하는 순간이라 말한 이유는 무엇일까. 세월의 무상함에 우울함이 서리지만, 비워야 할 때 모르고 채우는 게 인간이 아닌가. 본 작품은 우물 안 개구리처럼 한계를 벗어나지 못한 채 살아가는 인간의 어리석은 모습을 비판한다. 일상의 소중함을 깨닫길 바라는 진심을 전하면서, 인간이 헛된 욕망에서 벗어나 자유와 행복을 찾길 바란다.

'하루는 길지만 100년도 찰나의 순간과 같다'라는 표현은 무상의 진리를 꿰뚫는 말이다. 특별함은 일시적 감정으로 소비된 채 사라지며, 허무의 감정들은 매순간 경험하는 일이 된다. 이는 행복이란 특별한 무언가에 있지 않다는 것. 대상과 실체에서 찾을 것이 아니라 일상을 살아가는 동안에 발견된다는 점을 명시한다. 행복의 씨앗은 목적도 시간도 아닌, 일상을 살아가는 마음에 있다. 이에 「일상과 무상」은 삶의 무상함을 깨닫고, 일상의 순간들에 집중하길 바라는 마음을 기록한 글이다.

생각은 과거와 미래고 욕망이 들어간다. 그러면 진실한 행복을 느낄 수 없다. 행복은 단지 일어나고 사라지는 현상이고, 느끼는 순간에만 있다. 오늘 일어난 희열감은 과거의 것이 아니라, 새로운 것으로 지금-여기의 느낌이다. 그런데 어리석은 나는 생각을 생각일 뿐이라는 것을 알면서도, 나도 모르게 자동으로 붙잡고 지속하려 애쓴다. 아, 어찌해야 할까.
- 「보리밥 한 그릇과 막걸리 한 잔과 햇살 한 조각」 -

「보리밥 한 그릇과 막걸리 한 잔과 햇살 한 조각」은 상념의 변화를 관찰한 작품이다. 금정산 자락에 위치한 보리밥집, 창문 틈 사이로 비치는 햇살을 마주하며 들었던 상념들을 세밀하게 기록한다. '햇살 한 조각이 환하다', '안개비같이 온몸을 감싸고' 등은 찰나에 느꼈을 희열감을 생생하게 표현한 부분이다. 그 뒤 본능적 쾌락, 즉 식욕에 빠져 정신적 평온을 상실했다며, 행복은 영원할 수 없다고 토로한다. 무언가를 위해 애쓰려는 순간, 행복은 구름처럼 사라진다는 진리를 몸소 체득한 것이다.

행복은 괴로움이 사라지는 순간에 나타나며, 어떤 목적을 성취하는 것과는 별개의 감정이다. '행복이 아닐까'하는 순간에 행복은 사라진다니, 영원히 붙잡을 수 없는 게 아닌가. 진정한 행복은 과거나 미래가 아닌 찰나에 있으니, '지금, 여기 있는 그대로'의 감정에 충실하라는 의미. 행복이란 먼 곳이 아닌 가까운 곳, 대상이 아닌 마음에 있으니, 애쓰지 말고 마음껏 누리라는 것이다.

자전거 타기 취미인 자는 자전거를 구입할 때, 어떤 자전거를 살지 미리 공부하고 고민하고 나서 산다. 구입한 후 숙달시키기 위하여 연습한다. 자전거를 타기 위해서는 왼발을 페달에 놓고 오른발을 오른쪽 페달을 밟으면서 힘을 준다. 처음에는 균형이 잡히지 않아도 뒤에서 잡아주고, 균형이 잡히기 전까지는 무릎과 손바닥이 깨져 피가 나기도 한다. 그만둘 생각도 하지만, 균형이 잡히면 그때부터 쉬워진다. 바람같이 앞으로 나간다. 행복도 마찬가지가 아닐까.

- 「행복은 덤이 아니다」 -

「행복은 덤이 아니다」에서는 소유를 향한 노력이 오히려 불행의 끈이 될 수 있다는 점을 지적한다. 과연 남들보다 더 소유한다고 해서 만족할 수 있을까. 높은 직책에 올랐다고 해서 행복할 수 있을까. 쇼핑에 대한 기대심과 소유권이 평화와 안락을 보장해줄까. 아니다. 행복은 소유가 아닌 알아차리는 데 있다. 힘겹고 고통스러운 순간을 이겨낸 뒤 찾아드는 안도감 뒤에 찾아온다.

작가는 온몸을 타고 흐르는 전율, 그 뒤에 찾아오는 조화로운 마음을 균형이라 말한다. 자전거 타기를 예로 들어 설명하는데, 균형은 좌충우돌 적응기를 보낸 다음에야 찾아오는 익숙함을 뜻한다. 그것은 한쪽으로 치우치지 않는 상태, 다시 말하면 긴장과 이완의 흐름에 자연스레 녹아있는 것이다. 아마추어는 도구에 집중한 나머지 변화를 읽지 못하는 반면 프로는 숙련된 기술로 인해 상황 변화에 쉽게 적응한다. 균형 잡힌 삶은 변화에 능숙하기 마련이고, 생각의 치우침이 없으니 소소한 일상에도 즐거움을 누릴 수 있다. 이에 작가는 욕망과 절제를 아우르는 힘은 행복을 누리는 기술이라 말한다.

공존과 배려의 가치

　인간은 매 순간 행복하지 않을 수 없다. 그럼에도 우리는 왜 행복하지 않다고 여기는 걸까. 그것은 특별한 순간에 느끼는 유희가 행복을 보장해줄 거라 착각하기 때문이다. 선망의 대상이 되려는 우월감이 평생 행복의 끈이 되어줄 거라는 믿음은 위험하다. 돈과 명예에 집착하다 사랑과 건강을 잃고, 허무함과 고독에 시달리다 마음의 병을 갖기도 한다. 그렇다면 어떻게 살아야 할까.

　『보리밥 한 그릇과 막걸리 한 잔과 햇살 한 조각』은 이러한 고뇌의 흔적을 고스란히 담은 책이다. 번뇌와 상념을 걷어내려는 일종의 수행 과정을 서술한 기록문이다. 작가가 던지는 화두를 통해 행복의 원리와 구도자적 삶에 대해 생각해 볼 수 있다. 먼저 행복은 고통의 소멸이라는 명쾌한 답에서부터 시작한다. 그 뒤 자연이 주는 경이감에 놀라고, 인간의 유한함을 깨우치는 과정을 경험한다. 마지막으로 사색과 치유의 공간인 자연을 통해 삶의 연관 고리를 찾고, '지금, 여기 있는 그대로'의 아름다움이 곧 행복임을 알게 된다.

　또 다른 행복은 봉사와 사랑이다. 작가는 「새로운 친구」와 「악어와 악어새」를 통해 참사랑의 실체를 보여준다. 복지원에서 봉사와 나눔을 실천하는 그에서 밝은 에너지가 넘쳐난다. 설레임과 망설임으로 시작한 봉사활동이 이제 일상이 되었다니, 그야말로 행복이 아닐 수 없다. '자원봉사를 누가 남을 위해서 한다고 했는가」라는 그의 말에서 봉사에 대한 진정성이 느껴진다. 무엇보다 봉사를 행복의 연장선에 두고 있다는 점에서 예사롭지 않은 그의 인생관을 엿볼 수 있다.

　김병국의 『보리밥 한 그릇과 막걸리 한 잔과 햇살 한 조각』은 행복이라는 키워드를 중심으로 작가의 상념과 사색, 성찰의 과정을 담은 작품이다. 아무쪼록 본 작품이 현대인을 위한 삶의 지침서가 되길 응원하며, 많은 독자들이 수필을 통해 행복의 근원을 찾길 바란다.

김병국 수필집
보리밥 한 그릇과 막걸리 한 잔과 햇살 한 조각

인쇄: 2024년 8월 15일
발행: 2024년 8월 22일

지은이: 김병국
펴낸이: 최경식
펴낸곳: 청옥출판사
인쇄처: 세종문화사

출판등록 제10-11-05호
E-mail: sik62001@hanmail.net
전화: 051-517-6068
값 14,000원

ISBN 979-11-91276-67-1 03810

부산광역시 BUSAN METROPOLITAN CITY   부산문화재단 BUSAN CULTURAL FOUNDATION

* 본 도서는 2024년 부산광역시, 부산문화재단 〈부산문화예술지원사업〉으로 지원을 받았습니다.
* 이 책의 무단전재 및 복제행위는 저작권법에 의거, 처벌의 대상이 됩니다.